大名人　小故事

孔子：我不是圣人

李木生　著

中华书局

图书在版编目（CIP）数据

孔子：我不是圣人 / 李木生著. —北京：中华书局，2015.9
（2022.8重印）
（大名人　小故事）
ISBN 978-7-101-10945-0

Ⅰ.孔… Ⅱ.李… Ⅲ.孔丘（前551～前479）
—生平事迹—通俗读物 Ⅳ.B222.2-49

中国版本图书馆CIP数据核字（2015）第090494号

书　　名	孔子：我不是圣人	
著　　者	李木生	
丛 书 名	大名人　小故事	
责任编辑	吴　魏	
责任印制	管　斌	
封面设计	李　睿	
封面绘画	LIAR	
出版发行	中华书局	
	（北京市丰台区太平桥西里38号　100073）	
	http://www.zhbc.com.cn	
	E-mail：zhbc@zhbc.com.cn	
印　　刷	中煤（北京）印务有限公司	
版　　次	2015年9月第1版	
	2022年8月第3次印刷	
规　　格	开本/700×1000毫米　1/16	
	印张 6¾　字数54千字	
印　　数	13001-15000册	
国际书号	ISBN 978-7-101-10945-0	
定　　价	28.00元	

致 读 者

　　仰望中国历史的天空, 群星璀璨。他们是史书中的传主, 是教科书上的黑体大字, 也是活在故事中的著名人物。他们的故事, 比普通人的更加跌宕起伏, 扣人心弦, 也更加发人深省。

　　"大名人 小故事"丛书, 旨在讲述教科书上未曾细说的名人故事。选取的名人, 基本上都是青少年朋友喜爱的。讲述的内容, 不是面面俱到的传记, 而是提取名人一生中若干瞬间, 借此画出名人的精神风貌, 展现他们精彩独特的个性和不可重复的创造。

　　故事的来源, 大都有史料依据, 希望给大家讲述名人们真实的而非戏说的人生。也吸取了少量的传说, 从中可以窥见千百年来的民心。

　　有的故事中出现了著名的历史事件, 涉及了相关民俗风情, 衍生出了特定的成语典故, 则在故事后进行简要讲解。每本书后, 还附录了名人的生平简历, 以供读者参考。

　　丛书每册讲述一位名人的故事, 以此形成系列。

　　丛书的作者, 都是中青年精锐作家, 他们有的写过畅销历史小说, 有的擅长写历史散文, 有的已出版大部头的名人传记……他们共同的特点, 是会讲故事, 并且愿意为青少年朋友讲故事, 希望把历史讲得生动有趣, 让读者喜欢上这些有意思的历史人物。在此谨向他们致敬。

中华书局编辑部

孔子究竟是个什么样的人？

据《史记·孔子世家》记载，孔子的祖先本是殷商后裔。周灭商后，周成王封商纣王的庶兄微子启于宋，建都商丘。微子启死后，其弟微仲即位，微仲即为孔子的先祖。自孔子的六世祖孔父嘉之后，后代子孙开始以孔为氏，其曾祖父孔防叔为了逃避宋国内乱，从宋国逃到了鲁国。孔子的父亲叔梁纥（hé）（叔梁为字，纥为名）是鲁国出名的勇士，晚年娶年轻女子颜徵（zhēng）在生下孔子。孔子3岁时父亲叔梁纥病逝，孤儿寡母移家鲁国都城曲阜，贫寒度日。孔母富有远见，从小注重孔子的文化教育，孔子20岁的时候，已经是鲁国相当有名的博学之士。

孔子30岁时开始招收学生，开办起民间私学。就办学的规模、具有明确的教育目的与系统的教学内容，以及对于后世的影响等方面来讲，孔子无疑是中国私学第一人。他在中国创立起第一座"杏坛"，打破了中国商周时期"学在官府"、教育为贵族垄断的格局，这是孔子一生非常重要的事情，也是中国文明史上一个划时代的伟大创举，当然也是孔子仁学思想的体现。他在毕生的教学生涯里，逐渐形成了"有教无类"的教育思想、以"仁爱"为核心的政治伦理思想、"满则覆，中则正，虚则欹（qī）"的中庸思想、"立于礼、成于乐"的礼乐思想、"己欲立而立人"的立人思想。

孔子从51岁任中都宰到任鲁国大司寇,共有4年时间为官,这是他一生中仅有的从政岁月。虽然时间短暂,孔子却以"夹谷会盟""堕三都"等著名历史事件留名青史。

　　其后便是长达14年的游历生涯,孔子经历了"匡蒲之困""陈蔡绝粮"等困境,而依然坚守理想,坚韧不拔。这14年,是孔子一生极为重要的阶段,也是他思想成熟与丰富、精神锻铸与新生的14年。

　　整理编撰文化典籍,是孔子教学生涯,尤其是生命的最后5年里所做的另一件重大事情。孔子汇集了当时所能搜集到的各国文献,将《诗》《书》《礼》《乐》《易》和《春秋》整理、编辑成系统的教材,其中的《春秋》是他重新编辑与撰写的。

　　西汉以后,孔子学说的传播迅速扩大,成为中国传统文化的主要内容,对社会各个层面产生了深刻而长远的影响。

　　也许我们某些时候会将他淡忘,但是他的语言,他的思想,他的精神,却常常活在我们的语言与思考中。他的许多话早已融入我们的生活,已是尽人皆知的"成语"了;他的很多思想已经成为我们判断是非的标准,化作行动的准则,甚至已变成处世的智慧。我们更多的时候,会把他看作圣人,一个离我们很远、高高在上的圣人;其实,当我们有了人生的阅历,回过头来看看,又会发现,原来孔子就是我们的朋友。

　　于是,一个充满人情味的孔子,穿越两千五百多年的历史埃尘,霭霭然向我们走来。

李木生

目录

父亲是鲁国大英雄

孔子的先祖是王室贵族，但是传到父亲叔梁纥，只是一名武士，一名相当于现在乡镇长级别的郰（zōu）邑大夫。虽然只是一名武士，他却因为两件英勇抗敌的事迹而成为鲁国的大英雄。

公元前563年，晋国、鲁国等几个诸侯国攻打一个叫偪（fú）阳的小国，叔梁纥作为鲁国贵族孟献子的部属参加作战。一个小国，受到如此的侵犯，当然只能防守，而且还只能智守。攻城的喧哗与守城的静谧，似乎预示着一种出人意料的结果。进攻者怎么也想不到守城的偪阳人会如此大胆，他们竟然让城门向着入侵者洞开。

这个小国太小了，攻城者根本就没有把它放在眼里，孟献子看到偪阳大开的城门，断定守城的士兵已弃城而逃了，于是下令鲁国军队全速冲锋、抢占偪阳。就在作为先锋的鲁国军队一窝蜂涌进城门的时候，一道悬门突然从天而落。原来那洞开的城门是诱敌入城，而隐蔽的悬门一旦落下，鲁国的军队就会成"瓮中之鳖"。就在这危急万分的时刻，机警而又雄健的叔梁纥突然赶到，举起双臂一下托住正在下落的悬门，使得几乎就要陷入绝境的鲁国军队得以安全撤出。守城者与攻城者，都被惊呆了，他们都在问：那个高大魁梧、能够以一己之力托住重达千斤悬门的勇士是谁？于是，叔梁纥的名字在诸侯国之间迅速传布开来。

孔子·我不是圣人

另一件更为英勇的故事，则是发生在七年之后。

公元前556年，强大的齐国侵入鲁国的北部，齐军将军高厚带领部队耀武扬威地围住了鲁国的防邑。被围困的有鲁国上卿大夫臧（zāng）纥、臧纥的弟弟臧畴、臧贾和孔子的父亲叔梁纥。臧纥的职位很高，鲁国赶忙派出军队救援。由于害怕齐国的军队过于强大，觉得与齐军对阵无异于以卵击石，于是鲁国救援的军队到了接近防邑的旅松就停了下来。援兵迟迟不到，被围困已久的鲁军被失望与恐惧的情绪笼罩着。就在大家一筹莫展的时候，已经六十多岁的叔梁纥突然站出来，挺直了高大的身躯，瞪圆双眼大声鼓动大家："壮士们，等，无异于死，到了夜里大家跟着我一起突围吧！"人们又看见了那个曾经双手托住千斤城门的勇士，心头便有了主心骨。很快，叔梁纥挑选了三百名精悍的甲兵，在夜色的掩护下，自己冲在最前面，带着臧畴、臧贾，一起呐喊着杀出了一条血路，突围而出，并将上卿大夫臧纥安全送到了鲁军的旅松防地。能够突出重围救出上卿大夫臧纥，本来已经完成了任务，可以戴功撤退了。可是叔梁纥竟然不走，只见他回转身，指着防邑的方向，几乎是咆哮着喊道："我们的国土，岂能让敌人霸占？是男儿的，跟着我走！"于是，叔梁纥带领受到鼓舞的鲁国的兵士们扭头杀入重围，固守防邑，与如狼似虎的齐军对峙。慑于叔梁纥的勇猛果敢，久攻不下的齐军只好撤退。

这就是孔子的父亲，传说身高十尺（相当于1.99米），武力绝伦，在战场上英勇无敌。叔梁纥年老时，妻子才生下了孔子，在孔子三岁时，叔梁纥便去世了。

孔子的姓和名

孔子因尼丘山而得名丘，字仲尼。等到他成为一代伟人，后人又因避讳孔子名字中的"丘"字而称尼丘山为尼山。孔子出生的春秋时期，男子的名字没有姓，如孔子的父亲叔梁纥，叔梁是字，纥是名，孔姓的流传是从孔子开始的。

孔子行教像，石刻本现存于山东曲阜孔庙，一般认为是唐代画家吴道子所绘。

3

孔子：我不是圣人

向师襄学琴

  师襄是与孔子同时代的鲁国著名的乐官。古代乐官一般叫"师"，后来担当这一职务的人就把"师"作为自己的姓，冠于名之前，如师襄。师襄又称师襄子，加"子"表示尊重。

  六艺中有一项是"乐"，即音乐，弹琴是音乐中的一项技艺。对音乐有着很高天赋的孔子，曾经在齐国听到过一种"韶乐"，听得如醉如痴，以至于他一连三个月吃肉都尝不出肉的味道。孔子还喜欢唱歌，

  古琴，也称瑶琴、玉琴、七弦琴，为中国最古老的弹拨乐器之一。琴是在孔子时期就已盛行的乐器，有文字可考的历史有四千余年，据《史记》载，琴的出现不晚于尧舜时期。后为区别西方乐器才在"琴"的前面加了个"古"字，称作古琴。

元代画家王振鹏所绘伯牙鼓琴图

如果听到别人唱一支好听的歌，他会恳请人再唱一遍，有时兴起还会与人合唱。其实孔子的琴技已经相当好了，但他却并不自满。

师襄是鲁国最有权力的季孙氏家的乐师，师襄的琴声早就令孔子神往，他觉得这是天下最美妙的琴声了。好学的孔子岂能放过这样千载难逢的学习机会？他决定要向师襄学习，好让自己的琴技提高到新的境界。师襄也很喜欢这个好学的青年，更让他想不到的是这个青年竟然有着扎实的音乐基础。

孔子拜师襄为师学习弹奏，半个多月过去了，还是坚持练习同一支曲子，连师襄都觉得已经相当好了，就劝他："这个曲子你已经会了，学一首新的吧。"孔子却说："曲调是学会了，可是奏曲的技巧还未学好。"过了几日，师襄听着看着，觉得这下连技艺也娴熟了，又劝他："技艺已经掌握了，该学新曲子了。"孔子还沉潜在曲调中，好一会儿才回答说："我还没有能够领会这首曲子的志趣神韵呢。"又过了些日子，细心的师襄觉察到这个学生已经将曲子的志趣与神韵真正把握住了，便再次郑重地劝他："志趣神韵都有了，可以学习新曲子了。"但是让师襄想不到的是，孔子还是坚持要继续研习同一支曲子。他向师襄

请求："再等等吧，等我体察出这个曲子的作者是谁并想象出他创作这首曲子时的精神风貌，再学新的曲子吧。"

终于有一天，孔子在琴声缭绕的余音中站起身，推开窗子，向着遥远的天边抬头仰望，许久，才若有所思地说："我已经体察到作者的为人风貌了，这样的曲子，除了周文王还有谁能作得出来呢？"此语一出，师襄顿感震惊。他一下子从座位上站起来，向着孔子连连作揖道："是呀是呀，我的老师向我传授此曲的时候，正是说此曲名叫《文王操》呀！"

清代画家焦秉贞所绘孔子圣迹图·学琴师襄

孔子的玩具

　　孩子都喜爱玩具，你知道孔子小时候玩什么吗？答案是俎（zǔ）和豆。俎和豆是当时祭祀时摆放供品的方形和圆形的两种祭器，也泛指各种礼器。祭祀是礼中之大，而礼又是进身贵族阶层非常重要的内容。孔子的母亲颜徵在把礼器给孔子作玩具，目的是让他在嬉戏之中学习礼仪。他会认真地摆放好俎和豆，找来树叶或瓦块放在俎豆中，再有模有样地磕头行礼。这些礼器玩具给幼年孔子带来了欢乐，也让他萌发了蓬勃的学习欲。

俎

豆

7

孔子·我不是圣人

赴宴遭拒

孔子17岁时，与他相依为命的母亲去世了。

孔子为母亲守丧期间，听说鲁国权贵季孙氏要宴请鲁国士一级的贵族。孔子反复衡量，自己是陬邑大夫叔梁纥的儿子，理当列入士的行列。而在服丧期间，原是可以不赴宴的，但孔子考虑母亲去世后，自己孑然一身，必须独自谋生与奋斗了，而掌握着鲁国大权的季孙氏是不能忽视的。虽然"士"只是贵族中最低的等级，但是这种集会，毕竟是一次接触与学习的机会，能够将学到的礼仪加以应用，还能够扩大人脉圈子，会对自己以后的道路有所帮助。

年少的孔子郑重地做出了一个决定：前往季孙氏家赴宴。

孔子万万没有想到，他竟挨了当头一棒。正当他跟随着其他人一起走进季孙氏家的时候，居然被季孙氏的家臣阳虎蛮横地拦阻下来。阳虎带着瞧不起的口吻质问孔子："季家宴请的是贵族的士，你孔丘是干什么的，谁请你呢！"轻蔑，跋扈，向着少年孔子劈头盖脸地袭来。

蒙受羞辱的孔子，瞪了一眼狗仗人势的阳虎，攥紧了拳头，默默地返回家去。受辱的孔子暗自立誓，要让自己更加强大。他对"六艺"学习钻研得更加勤奋更加卖力了。不用说最为擅长的礼了，就是驾车也娴熟而自在，连坐姿都优美，引人注目；射箭，会吸引众多人前去观看，人多得像一堵墙；他弹奏乐器与唱歌时，人们驻足倾听……

已经十七岁的孔子，长得玉树临风。司马迁《史记》里面记载孔子身高九尺六寸，被鲁国人称为"长人"呢。九尺六寸有多高？司马迁说的"尺"是周朝的尺，要小于现在的市尺，按周尺一尺折合现代公制19.9厘米计算，那么孔子身高就是一米九一了。

这样一个博学而又威武挺拔的青年，十九岁时娶了宋国人亓（qí）官氏为妻。一年之后，孔子就有了自己的儿子。

那时的孔子一定已经有了相当的名气，不然，鲁国国君鲁昭公为什么会专门派人为孔子的新生儿子送来祝贺的鲤鱼呢？生活的艰辛、家景的困顿与自己渴望立业救世的理想，都会让孔子对于当权者怀着一种期待。何况青年孔子涉世未深，更会对世事怀着某种美好的向往。于是他便为儿子起名为"鲤"，字伯鱼。国君的一条鲤鱼，让儿子连名带字全派上了用场。

孔鲤是孔子唯一的儿子，孔鲤的儿子孔伋（jí）字子思，也是儒家学派著名思想家，一般认为《中庸》为孔伋所著。

管仓库，养牲口

家道中落，让孔子在艰难困苦之中学会了生活与做事的本领，磨砺了面对困境的意志，同时，也让他有机会看到贵族与平民两个阶层的真实状况，这为他日后思考人生与国事，提供了独特的视角。

孔子结婚生子后的第一份工作，是在鲁国权臣季孙氏家里任委吏。委吏就是管理仓库的小差役，说白了就是一个仓库管理员。

也许人们会说，仓库管理员多容易干呀。其实，看似容易，做好却难，孔子的前任就是因为管理混乱和有贪污嫌疑而被辞退。孔子并不嫌这个职位卑微，甚至觉得这里面蕴藏着很大的学问，因为不仅要做好保管，还要学会会计、出纳的知识。于是，年轻的孔子脚踏实地地干起来了。

先是清理所有仓库里的粮食布帛什物，一一登记造册，尺量斗称、会计出纳，全部做得清楚明白。清算出了细致的账目，心中有数的孔子，并不觉得因此就万事大吉了。他心细如发，又摸索出仓库里各种物品的保养方法，从通风到晾晒，一一按时进行。特别是"清廉"二字，更让孔子获得了实实在在的名声。他虽然贫穷，可是他面对季孙氏仓库里富可敌国的物品，丝毫不起非分之想，忠诚地履行一个仓库管理员的职责。

季孙氏想不到如此年轻的孔子竟有这样的办事能力，欣喜之余，就又委派了他第二份工作，做乘田。

乘田是个什么职务？乘田也许比委吏还要鄙贱，只是主管马牛羊的饲养、放牧、蕃息（繁殖增多），是季孙氏家役里最低下的一个小差事。换了这样一个全新的工作，孔子没有挑肥拣瘦，并不认为这个差事小，而是迅速地进入情况，重新学习，四处请教。包括圈厩粪便的清理，新土的垫撒，草场的轮换与草料的配置，马匹夜草的投放，以及驹崽的接生与喂养，还有牲畜病症的救治等，都尽可能快地弄清楚、学到手。孔子勤快而又肯动脑筋，晨夕饲养，牵出赶进，清扫洗刷，很快又把乘田的工作做得井井有条。他不只将这份工作当作谋生的手段，还将其当作学习本领与增强意志品质的机会。鲁国国都，人们在惊喜地议论：叔梁纥家的这个小子真不简单，才一年的工夫，他所看管的牲口肥了壮了，数量也增加了不少。

清代画家任熏所绘饲马图

孔子：我不是圣人

这个管理过仓库、放牧过牲畜的小伙子，为了生计，还为别人的婚丧嫁娶充当过"乐器班子"，说得通俗一些也就是充当吹鼓手。这样，他不仅在演奏时提高了驾驭乐器的技巧，还从各种礼仪中扩大与社会的接触面，增长自己的见识与阅历。

等到孔子名震列国的时候，他并不忌讳自己曾经干过这样鄙贱的事情，甚至还带有某种自豪的口吻谈起自己的这一段经历。他说："叫我管仓库，我就把仓库里的账目计算得清清楚楚。""叫我管牛羊，我就把牛羊管理得膘肥体壮。"孔子并不是生而知之——世界上从前没有、将来也不会有这种生而知之的人——他的知识与才能全部来自于他的好学与勤奋、善思与实干。

多知道点

讷言敏行

这个成语的出处是《论语·里仁》："君子欲讷于言而敏于行。"意思是君子不说空话，却能做事，会做事，敢做事，先做后说，或者光做不说。故事中孔子认真管理仓库，放牧牛羊，正是一位君子的做法。

拜访老子

公元前518年的一天，中原大地发生了一件意义深远的事情：33岁的孔子专门赶到周天子的首都雒（luò）邑（今河南洛阳）拜访了伟大的思想家、50多岁的老子。

已经开门办学的孔子，早就有拜访老子的愿望。课间休息的时候，他多次向学生们表达自己的心愿："你们知道吗？雒邑有个了不起的人，姓李名耳字伯阳，还有人叫他'老聃'，我却尊称他为'老子'，是个比我博学的人，博古知今。比如说'礼'吧，你们觉得自己的老师已经研究得十分透彻了。其实这个老子知道更多关于'礼'的知识呢，

清代画家任颐所绘老子授经图

真想领着你们去向他好好地学习学习！"有时，孔子还会在讲课的时候，情不自禁地说起雒邑："那可是我仰慕的周公曾经住过的地方，也是商周以来的礼仪、文物、典籍等汇集之地。那个老子，就是掌管这些书籍与文物的图书馆馆长与历史博物院院长。"

从鲁国国都曲阜到周天子所在地雒邑有千里之遥，对于一个并不富裕的私人办学的教师来说，游历雒邑几乎是一件难以完成的事情。但是孔子想去朝圣雒邑、拜见老子的愿望是那样的强烈，不仅感动了他的学生们，还让同学们产生了对于雒邑与老子的向往。正好在孔子的学生中，有一个贵族出身名叫南宫敬叔的，实在不忍心看着他的老师日思夜想，便面见鲁昭公，建议他资助孔子的学习之旅。鲁昭公一听，高兴地说："这是好事呀，我也听人说那里有个无所不知的老子。"便让南宫敬叔陪同孔子前往，并派了两匹马、一辆马车和一个跟随的童仆。

得知鲁国的孔子要来拜访，老子也很高兴。他也早已听说孔子的博学与好学，还知道孔子兴办学校，琢磨着有好多问题要与孔子交流切磋。老子让弟子们预先将图书馆与博物院，还有通向城外的道路，都打扫得干干净净。并让弟子们套好了车，早早地迎接在城门口。年轻的孔子好生激动，赶快下车，手捧着送给老子的礼物——一只大雁，领着南宫敬叔快步走向心仪已久的老子。

孔子在老子的陪同下，走遍了雒邑的大街小巷，在这个曾经无比昌盛的都城体会周礼的味道。

老子还专门领着孔子为巷党的一户人家办理过一次丧事，那时叫相礼助丧。也许这是老子有意让孔子亲自体会一下丧葬时的整套周礼吧，或者孔子也想通过实际操作，验证一下自己所学的周礼。真是百年一遇，送葬途中竟然发生了日蚀。正当孔子不知如何处置的时候，老子从容地下令放下灵柩，令送葬的所有人员停止哭泣，并大声地告诉大家，根据礼俗规定，必须等待日蚀过后才能再往前走。

老子在雒邑有着崇高的威望，大家听从他的吩咐，送葬的队伍鸦雀无声。日蚀终于过去，大家又跟着老子与孔子，从容而又严格地举行葬礼。丧事结束后，孔子求教于老子："那样将灵柩停在半道上等待不太合适吧？谁知道日蚀会持续多久呢？倒不如继续进行为好。"这时，老子才将这种做法的根据详细地对孔子进行了阐明。老子说，诸侯朝见天子、大夫出国访问，都是白天走路、夜间休息，送葬与这些活动是一样的道理。你想想，谁会夜间赶路？只有逃犯和奔丧的人才会天黑了赶路呢！孔子豁然明白，后来，凡是遇到此类情况，总会说"我听老子说过这是周礼具体的规定"，便会将上面老子讲的道理再向弟子们重复一遍。

日蚀，是月球运动到太阳和地球中间，三者恰好处在一条直线时，月球挡住太阳射向地球的光，月球身后的黑影正好落到地球上的一种自然现象。因认识所限，古人往往认为日蚀是一种具有神秘力量的现象。

孔子·我不是圣人

在雒邑的这些日子，几乎每一个晚上，老子与孔子都会叙谈到深夜。

他们谈论最多的，还是关于"仁爱"的话题。

听到老子以池塘干涸后挣扎的鱼儿作比喻，年轻的孔子便抢过话头，急切地表达自己的意见："水已干涸的池塘里，鱼儿们当然全都面临着死亡的威胁。这个时候，最能体现仁爱的精神。一条一条的鱼儿，都在努力地哈出最后的气息去湿润对方，用口中仅有的唾沫滋润对方就要干燥的体表。这种竭尽自己最后的所爱赠与对方，把生的希望留给同类，就是'克己复礼，天下归仁'境界的极致了。"

老子静静地听着，捋捋自己的胡须，好似赞同般地重复着孔子的话："池塘干涸了，却也毫无怨言，并在这种险恶的生存环境里牺牲自己，努力地施惠于对方，哪怕只能让别的鱼儿们多活一分钟。你以为这就是最高境界的'仁'了？"就在孔子点头称是的时候，老子话锋一转，突然直起了有点佝偻的腰，铿锵有力地说："按照你的思路，再是仁爱，这些鱼们还是要干死的呀，多活一分钟与少活一分钟没有根本的区别。我所追求的，是大家在江河湖海里自由生活，即使相互忘记也是幸福的。你可能会说，前提是池塘要干了啊。是呀，我们就是要追求池塘不再干涸的法子，要想方设法地不让这些池塘干涸，不仅不干涸，还要往里面不断地注水。"孔子认真地听着，似乎感到他们既有分歧又有相一致的地方。要想不让池塘干涸，就要统治者们爱护百姓，施行仁政。再想想当今的天下，却是各国的统治者都在为自己盘算，战争连连，民不聊生。于是孔子稍稍地低下头，望着老子的眼睛说："现在的社会，已经是池塘干涸的局面了，鱼儿们不'相濡以沫'，不是命运更加悲惨了吗？"老子坚定得很，一点也不退让："总之，不管是何种情况，都不能被动地等待死亡（哪怕可以落下一个大仁大义的好名声也不这样做），而是要冲出这干涸的池塘，往有水的江湖走，力争回到江湖之中。鱼儿们能够处于江湖之中，当然也就无需什么你的'努力地哈出最后的气息去湿润对方，用口中仅有的唾沫滋润对方就要干燥的体表'了。"

夜，静悄悄。孔子陷入沉思，老子也若有所思。

分别是恋恋不舍的。老子将孔子一行送出了城门外，并对他所喜欢的这位青年思想家反复叮咛："你所研究的学问，都是前人的创造，他们的人与他们的骨头早已腐朽了，只有他们的言论与思想还在。时运到了，君子应乘时而起；时运未到，任你本领再大，且千方百计，仍不为世所用。我听说，真正的富商大户，是要如穷人一样简朴；有大德的人，表面上反而大智若愚。所以，你应该少一些骄狂之气，祛除一味地渴望建功立业的多欲之心，更要少一些试图改造这个世界的幻想，多做一些脚踏实地的事情。"

这次雒邑之行对孔子帮助很大，他学到了许多新知识，听到了新见解。回来以后，他常常会向自己的学生谈起他想念的老子来："我知道鸟能飞，但常被人射下来；我知道鱼能游，但常被人钓出来；我知道猛兽会奔走，但依然常会落入罗网陷阱。只有龙不是我们所能知晓的了：它能云里来、雾里去，变幻莫测，无人能识其全貌。这次见到老子，他远远超出我的想象。我想，老子大概就像龙一样吧！"

多知道点

孔子为什么把大雁送给老子?

　　山东省济宁市嘉祥县武氏祠汉画像石里,记录了孔子见老子的场景。画像石上刻画着栩栩如生的场面:孔子和老子两个人都戴着高高的帽子,穿着肥大的长袍,孔子双手捧着一只大雁作为见面礼赠送给老子。这块画像石非常有名,鲁迅先生也珍藏过它的拓片。

　　孔子见老子为什么以大雁为礼物?因为在中国传统文化中大雁为禽中之冠,被人们视为仁、义、礼、智、信五常俱全的灵禽,拜师、迎亲等礼仪场合都会以大雁为礼物来表示尊重。所以孔子见老子也是以大雁为礼物。

山东省济宁市
嘉祥县武氏祠汉画
像孔子见老子

相濡以沫

这个成语的出处是《庄子·大宗师》："泉涸，鱼相与处于陆，相呴（xǔ）以湿，相濡以沫。"意思是泉水干了，两条鱼一同被搁浅在陆地上，互相呼气、互相吐沫来润湿对方，比喻患难与共，在困难中相互帮助。

拜七岁项橐为师

一天，孔子带着学生，坐着马车路过一个村子。谁知刚到村边，马车就被一个七八岁的孩子拦住了。

原来这个孩子正在路中央用石头垒东西。孔子的学生子路是个急性子，只见他有些不耐烦地跳下车来，指着这个小孩子大声地吼道："闪开，闪开，我们有急事，得赶路！"谁知小孩不仅没有让路的意思，还挺直了胸脯仰着头大声地问："车上坐的是谁？"子路心想，连诸侯君主都对我的老师另眼相看，我何不说出老师的大名震震他？于是便有些骄傲地说："车上坐的是我们的老师，孔子。"小孩子眨了一下聪明的眼睛，接着问："孔子是什么人？"这下子路有些生气了，不容置疑地回答说："孔子是圣人。"紧接着他们的对话几乎像抢话一样——"圣人是不是什么都懂？""那当然！""好，那我就去考考他，回答对了就放你们过去。"

孔子其实也在听着，他觉得眼前这个孩子调皮可爱，便说："你随便问吧。"小孩子张口就问："我问你是城躲车还是车躲城？"孔子答道："还用问，当然是车躲城了。"小孩子这下得意了，笑嘻嘻地说："那你看看，我垒的是什么？"孔子仔细一看，小孩子垒的不仅有房子，房子周围还有城墙。说话算话，孔子便吩咐子路赶着车子从这座"城"边上绕过去。

谁知这小孩子还不算完，紧走几步撵上孔子接着发问："你既然是圣人，今天我就考考圣人。你说是早晨太阳离得近还是中午太阳离得近？"孔子没有迟疑，张口答道："早晨太阳离得近呀。"没等小孩子"为什么"出口，孔子便接着解释说："你不想想，早晨太阳多大，中午太阳多小。"孩子边笑边问："你说是离得近了暖和还是离得远了暖和？"孔子不假思索："肯定是离得近了暖和，比如说冬天的火炉，当然是离得越近越暖和。"小孩子更得意了，问："按你刚才说的中午的太阳小、离得远，那为啥中午却比早晨暖和？"

　　被问住的孔子，突然醒悟过来，急忙问这个小孩："你是不是叫项橐（tuó）？我早就听说过你的名字了，今天在这里相遇，也是缘分呀！"项橐毕竟是小孩子，他也早知道孔子是个了不起的人，很想当他的学生呢。见这么大学问的孔子都知道自己的名字，他不免高兴得眉飞色舞，急切切地说："我就是项橐，我就是项橐。"

　　一旁的子路却是不服气，觉得这个小孩不过是蒙了几个问题。特

汉画像石，中间的人就是项橐。

别是自己的老师被问住了，多没面子，他便想找个话题将小孩问住。他看到项橐的父亲正在路旁锄地，子路眼睛里闪过一丝狡黠的光亮，装着随意地问道："你是个聪明的孩子，那一定该知道你的父亲一天能够锄多少下地了？"

小项橐只用鼻子轻轻地哼了两声，不紧不慢地回答道："你是给你的老师孔子赶车的，你的马蹄子每天踏多少步，我父亲每天就锄多少下地。"见子路眼睛瞪得铃铛一样，小项橐忍不住反问一句："请问，你的马每天到底踏多少步呀？"

见子路窘得满脸通红，要发怒又没有理由，孔子和蔼地过来解围，教育自己的学生子路说："几个人同行，其中必定有我可以取法的人。我选择他善的好的方面向他学习，看到他不足的方面就对照自身改正缺点。"说罢，又探下身子，诚恳地对项橐说："项橐，能者为师，你也是我的老师啊。"

多知道点

敏而好学　不耻下问

出处是《论语·公冶长》。子贡问曰："孔文子何以谓之文也？"子曰："敏而好学，不耻下问，是以谓之文也。"意思是只有聪敏灵活，好学善学而又谦虚下问，不以向比自己差或地位低的人请教为耻，才能够称得上有文化素养。

离任脱靴

孔子做官的第一站是到中都做县长（中都宰），那时孔子51岁。

一日，子贡试探老师："这里有一块美玉，是把它放在柜子里藏起来呢？还是找一个识货的商人卖掉呢？"老师几乎是迫不及待地回答说："卖掉它！卖掉它！我就是那块急待识货者的玉啊！"可是孔子又是一个理想主义者，始终让做官服从于自己的理想追求：天下大同，中正和谐，秩序井然，仁政爱民。可是春秋末期已是天下大乱的时代，诸侯轻视天子，大夫挟制诸侯，家臣反叛卿相，谁还会重用理想主义的孔子？孔子因此度过了许多的蹉跎岁月。

连孔子也没有想到，到他过了"知天命"的50岁，却终于迎来了做官的机会。此时的鲁国，正被家臣叛乱所困扰：阳虎与公山不狃（niǔ）相继割据反叛，弄得鲁定公与执掌鲁国大权的季孙氏焦头烂额。这时，主张整顿秩序又在列国富有威望的孔子，就成了治国理政最佳的人选。只是他们还不太放心，就先让孔子当一个县长试试。对于人生的第一次从政，二三十年间都郁郁不得志的孔子欣然上任。

这一试不得了，仅一年工夫，中都就成了天下四方诸侯学习的榜样。那么孔子县长都做了些什么事情呢？孔子根据中都邑的实际情况，因地制宜地开展礼治。比如年岁不同饮食各异；服役时，要按照体力强弱、年龄大小分配不同的工作；日常用具提倡朴素实用，反对奢华

孔子·我不是圣人

雕饰；死了人，只准用四五寸厚的薄棺，并且要葬在不宜耕种的丘陵上，不筑坟等等。当然，还有一条规定，现在看起来是有些落后了，那就是男女在路上行走，要各走一边。

在繁忙的公务之余，孔子设立学堂，教授中都的青少年学习"六艺"，甚至还带领着学生们走村串户，宣读施政方针政策，还要将文化送到穷乡僻壤。一次，孔子与学生们到一个叫进义村的小村庄里讲课，虽然只有几十户人家，他们却认真讲授，而且一住就是几天。村民们听得新鲜喜欢，想多留他们几天，便将孔子骑的马藏到了进义村东邻的一个村庄里。后来，为了纪念孔子，便将村庄改名为次丘，"次"就是停留，"丘"就是孔子的名字，而藏过孔子马的村庄，也改名为留马庄。

孔子当县长的效果如何呢？才一年的时间，中都邑已经是买卖公平，路不拾遗，人们大多能够安居乐业。

中都离鲁国国都曲阜只有几十公里的距离，孔子在中都施政成功的消息，源源不断地传到鲁国国君鲁定公的耳朵里。他感到惊奇，便

邮票"中国古代体育·弓箭"。射箭是六艺之一，六艺是周朝官学要求学生掌握的六种基本才能，包括礼、乐、射、御、书、数。

接见了孔子，问他："用你治理中都的办法治理咱们鲁国行不行？"孔子习惯性地捋了捋已经有些斑白的胡子，自信地告诉国君："用我的方法治理天下都可以，何况只是一个鲁国呢？！"

这下鲁定公心里有了底，高兴自不必说。与季孙氏商量后，便下达了将孔子上调至鲁国国都任小司空的任命。

孔子离开中都的消息一传出，便在中都引起了不小的波动，中都的百姓舍不得这个勤政爱民的孔县长。等到孔子离开的那一天，中都百姓几乎倾城相送。看着街道两旁恋恋不舍的人群，即将离别的孔子眼里充满了泪水。孔子停住了缓缓前行的脚步，环顾四周，深情地与大家作揖道别。孔子说："希望大家遵循礼范，长此下去中都必然万世安泰，我人虽然离开，脚印却会永远地留在这里与大家同行。"这时，孔子低头看看自己的双脚，就脱下脚上穿的一只靴子，动情地说："留下这只靴子，以示我永远立足中都，大家既然拥戴我，我走后请仍然按我的倡导行事吧！"

清代官靴，又叫厚底皂靴，黑色的靴子有很厚的白底，只有官吏才能穿着。

孔子走后，中都人就在城东门的城楼上专门修建了一层楼阁，供放孔子的靴子，大家都叫它"夫子屐"。以后流行的清官离任脱靴、留靴的美举，就是从孔子那时传下来的。

多知道点

脱靴礼

古时百姓为了颂扬地方官的政绩，官员离任时，在欢送队列的前面，由地方上年高有德的老者上前拦轿，并脱下官员的靴子高举过头，意为不舍其离去。后世称之为脱靴礼。

怒斥强国国君

从公元前501年到前497年，孔子在鲁国出仕为官，他的一生也就当了这4年的"国家公务员"。

按地区面积，鲁国在诸侯国中算不上大国，但是按照政治影响与国力衡量，鲁国相当于一个中型国家。这四年间，孔子前后共担任过三种职务，一是中都宰，也就是中都县长；二是小司空，大致相当于鲁国建设部部长助理；三是大司寇，相当于鲁国公安与司法部部长。

公元前500年的夏天，鲁国国君鲁定公与齐国国君齐景公在夹谷会盟，相当于现在两国签订和平友好条约。孔子担任鲁国的相礼，相当于现在的司仪，辅助鲁定公做好盟会期间的一切礼仪事务。那时两国或多国国君相会的相礼，一般都要选国家重臣担任，足见当时孔子在鲁国及鲁定公心中的地位。

齐国当时正在与晋国争夺天下的霸权。鲁国与齐国国界相接，是齐国争霸时争夺的对象。孔子看到晋国已经衰弱，与强大的齐国结怨成仇，对于鲁国的安定没有什么好处，这才建议鲁国与齐国签订友好盟约。

会盟之前，孔子就建议鲁定公做好一切可能的准备，包括随行带着相当数量的军队。在齐强鲁弱的形势下，没有军事作坚强的后盾，什么事情都有可能发生。

　　齐国希望通过显示实力，压服鲁国，使鲁国无条件成为自己的附庸国和卫星国。来会盟之前，齐国的大夫犁弥得知孔子担任鲁定公相礼之后，就向齐景公建议说："当年执政大臣晏子就说过儒家一味地讲究礼仪，不中用。据我看来，孔子也是个只知道礼仪而没有勇气与胆识的儒生，如果武装劫持鲁定公，再逼迫他们割地进贡，就能轻易地达到我们的目的。"齐景公听罢，频频点头。

　　会盟的日子到了，两国的国君率领各自的随从人员，拾级而上，一同登上肃穆的盟台，齐景公与鲁定公相互施礼后，缓缓落座。

　　两国国君与大臣刚刚落座，犁弥就以奏四方之乐为名，让齐国俘虏的夷狄士兵全副武装突然登场，刀枪剑戟，鼓噪而至。微笑从孔子的脸上迅速消失，他冷冷地观察着局势的发展。齐国大臣犁弥露出狡猾与得意的笑容。只见狂舞疯叫的士兵们，一步步靠近鲁定公，并形成了包围之势。局势骤然紧张，鲁国人员一片惊慌，鲁定公更是不知所措。

　　就在这危急关头，谁也想不到孔子突然站起，从容不迫地用自己的身体将手持兵刃的士兵与自己的国君断然隔开。长袖向着打扮

清代画家焦秉贞所绘孔子圣迹图·夹谷会盟

狰狞、正在乱舞的士兵一甩，双目直视着齐景公，声若洪钟地怒斥道：

"这些人是干什么的？我们两国国君在此作友好会盟，你却让这些你们当年征服此地时的夷狄俘虏来捣乱，你怎么还能号令诸侯？！华夏以外的人不得图谋中原，俘虏不能触犯盟会，武力不能逼迫友好，这是列国共同承认并遵守的礼数，不然就是对神明的亵渎，就是对德行的罪过，就是对人的失礼。我想你既然准备号令天下，肯定不会这样做的吧？！如果让这样的丑态继续，岂不要遭天下人耻笑！"在两国所有人员里，孔子个子最高，加上他那凛然无畏的气势，一下子使喧嚷的场面鸦雀无声。

大义凛然，有理有据，尴尬的齐景公已被孔子说得面红耳赤，挥手把乱舞的兵士斥退，并当场承认："这是寡人的过错啊。"

闹剧却并没有结束。就在最后要缔结盟约的时候，齐国突然宣布要在盟约中增加一条，将来齐国出兵作战的时候，鲁国必须出动三百辆兵车助战，否则就是破坏盟约。很明显，这就是要鲁国无条件承认自己是齐国的附庸国。如果加上这一条，盟约也就成了不平等条约。

面对新的僵局，勇敢而智慧的孔子紧张地进行着权衡。他知道，鲁国与齐国力量对比是那样的悬殊，签订盟约，求得和平与安全对鲁国非常重要。但是，如果屈服，不仅会使鲁国失去实际利益，更会使鲁国的声誉受到伤害。孔子当机立断，也提出新的条款，即如果齐国不把前一年侵占的鲁国国土归还鲁国，而只是单方面的让鲁国出兵车，也是破坏此盟。

此时的孔子，温文尔雅，就事论事："你们曾经是侵略者。侵占我们鲁国的领土，现在我们双方签订盟约，你们希望鲁国出兵支持你们

孔子：我不是圣人

称霸诸侯，那么当初侵占的鲁国领土，也没有理由不予归还。"齐景公钦佩地看着智勇双全的孔子，只得接受孔子提出的条款。于是盟约中便增加了这两条新的款项，齐国也于盟会之后归还了所侵占的汶阳之地。

以弱胜强，以礼胜兵，原则性与灵活性高度结合，伟大教育家孔子又展示出了一个了不起的政治家与外交家的杰出风貌。

多知道点

屈人之兵

这个成语的出处是《孙子兵法·谋攻篇》："不战而屈人之兵，善之善者也。"意思是不通过双方军队的兵刃交锋，便能使敌军屈服。

三座城堡

夹谷会盟的外交胜利不仅使孔子在鲁国上下的威信猛增,也让孔子腾出了精力实施另一件治国大业:"堕三都"。这个"堕"字,通"隳"(huī),意为毁坏,"堕三都"就是拆除三座城堡。

这三座城堡分别位于季孙氏的费邑领地、叔孙氏的郈(hòu)邑领地、孟孙氏的郕(chéng)邑领地,其中以季孙氏的费邑领地城堡最大最坚固。为什么要拆除这三座城堡呢?原来拥有城堡的这三位,曾经是鲁桓公三个儿子的后代,号称"三桓",在鲁定公的时候合伙把持着鲁国的朝政,甚至有将鲁定公架空的危险。这三座城堡,就是"三桓"向鲁定公索要和夺取权力与土地的资本与据点,俨然是国中之国。想想看,这三座城堡,比鲁国的都城曲阜还要大,城墙比曲阜的还要高,还要长,这不是闹独立吗?

此时的孔子,雄心勃勃,对未来满怀希望。孔子心中治国平天下的蓝图——加强鲁国公室,在当时显然就是加强鲁定公的实际统治权力,削弱、抑制"三桓",从而使鲁国君臣父子按周礼及贵族等级制,各复其位,各守其职,用仁政德治将鲁国治理得国富民安。他更要以鲁国为基础,为蓝本,扩大影响,最终形成尊天子、服诸侯、以仁政德治统一天下的大同世界。

但是号称"三桓"的季孙氏、叔孙氏、孟孙氏掌握着鲁国的大权,

把控着鲁国政权。想要拆除他们的城堡，让他们交出手中的权力，这不是与虎谋皮吗？

虽然有着极大的风险甚至危险，但是孔子经过仔细分析"三桓"的具体情况，从中看到了成功的可能。"三都"是"三桓"的根据地，但也是"三桓"的心腹大患。先说说实力最大的季孙氏。昭公时代，家臣南蒯的反叛，定公时代，家臣阳虎和公孙不狃的屡屡作恶，都是以费邑城堡为据点。再说叔孙氏的郈邑城堡，之前就曾因为侯犯的叛乱而归齐，现在虽然齐国归还郈邑，但邑宰的职位却一直空缺。孔子更为细致敏锐的观察到，叔孙氏不仅有家臣的外部矛盾，还有兄弟间的内部矛盾。叔孙氏有个同父异母的兄弟叫叔孙辄(zhé)，就曾经想借助阳虎的力量夺取叔孙氏的权力。家中有了这样的"反对派"，拆掉"反对派"借以闹独立的城堡，也就顺理成章了。

唯一不能确定的是孟孙氏孟懿子的态度。他没有季孙氏与叔孙氏这样外叛内乱、惶惶不可终日的忧患，他的家臣公敛处父据守郕邑城堡，对主人十分忠诚。但是孔子也认真分析了孟孙氏赞成"堕三都"的可能性，首先孟懿子是孔子的学生，应当更能领会老师的理想与追求。其次阳虎反叛的时候，曾经有过杀孟懿子的计划，虽然没有得逞，但也给孟懿子敲响了警钟。

在孔子的运筹与推动下，第一步顺利地拆除了叔孙氏的郈邑城堡，但在拆除季孙氏费邑城堡时，却遭遇到了激烈的反抗。费邑宰公山不狃反叛，趁鲁国国都曲阜空虚，突袭曲阜。一时间情势万分危急，鲁国上下惊慌失措，而此时的孔子没有慌乱，人们从孔子身上仿佛又看到了那个陬邑大夫叔梁纥的英勇身姿。他对公山不狃早有防备。

经过周密的排兵布阵，轻松击溃了公孙不狃的叛军。没有退路的公山不狃只好逃往齐国。随之，最大也最坚固的季孙氏费邑城堡，也被拆除了。

一切似乎都在向着孔子计划的方向发展。

但是，在拆除孟孙氏郕邑城堡的时候却遇到了无法逾越的障碍。这个障碍，看似来自"三桓"之一的孟孙氏孟懿子，实则来自整个"三桓"。

孟孙氏家臣、郕邑邑宰公敛处父是个很有谋略的人，他看出了孔子"堕三都"的实质，以及其中对于孟孙氏的种种不利，并仔细筹划好了计策：主人孟懿子是孔子的学生，而且又公开表示过同意"堕三都"的计划，不能让主人孟懿子出尔反尔，那就由他公敛处父来牵头抗命抵制"堕三都"，如果成功自然好，如果失败也不会殃及主人孟懿子。于是忠心耿耿的公敛处父紧急求见孟懿子，进言道："郕邑城堡不能拆毁呀，没有了郕邑城堡的屏障，齐国军队就会毫无阻拦地攻击

郕邑遗址，位于山东省泰安市宁阳县东庄乡。

咱们。而且这座城堡就是孟孙氏最为重要的保障啊，没有了它也就没有了孟孙氏的利益。这样吧主人，你就假装不知道，让我抗命守城，全力保护住咱们的城堡，如果失败，罪责由我一人承担。"

孟懿子对于公敛处父深信不疑，便照计行事，自己表面上支持孔子的"堕三都"，而暗中却让公敛处父拥兵抵抗，占据郕邑城堡，公然对抗"堕三都"。

从夏天一直拖到冬天，郕邑城堡毫发未损。眼看着"堕三都"的计划受阻，鲁定公坐不住了，如果一任郕邑城堡这样抗命下去，"堕三都"好不容易取得的成果可能烟销云散，他的威信和权力必将受到挑战，甚至可能危及他的安全，于是心急如焚的鲁定公亲自出马带领军队围困了郕邑城堡。让孔子想不到的是，季孙氏、叔孙氏也采取了消极观望的态度。鲁定公的出马，终因"三桓"的消极抵抗而告失败。

随着"堕三都"的进行，"三桓"明白过来，孔子看似帮助他们削弱甚至是剪除了家臣的力量与威胁，而实质最终却是削弱"三桓"而强大鲁国公室。他们清楚地看到，这个在夹谷会盟中大智大勇的孔子，在"堕三都"的时候，已经成为他们的对立面，甚至将来还有可能成为水火不容的敌人。

孔子"堕三都"的战略行动虽然没能全部实施，但是毕竟已经拆除了两座城堡，也有力地削弱了"三桓"的势力，一定程度上维护了鲁国的统一与国土安全。

离开鲁国

　　"堕三都"震惊了号称"三桓"的季孙氏、叔孙氏、孟孙氏，他们联合起来，共同反对一心要削弱他们、维护鲁国统一的孔子。特别是权力最大的季孙氏，他早就想废掉鲁定公取而代之，竟然明目张胆地在自己的家宴上，使用中央政府周天子举行国家大典时的八佾（yì）之舞。可让他夜不能寐的，是孔子的气愤与对他的公然警告。孔子说："像这样的事情季孙氏都敢做，还有什么事情他做不出来呢？他季孙氏的野心大着呢，叛变、造反，取代鲁君甚至周天子，他虎视眈眈啊！"

　　季孙氏多想孔子能够妥协，更希望孔子能够站在自己这一边。孔子也确实有第二条道路可走，那就是放弃自己的理想与追求，向鲁国当政者季孙氏妥协，或者干脆去迎合季孙氏。这样，孔子肯定可以保

　　八佾之舞。佾指奏乐舞蹈的行列，一佾指一列八人，八佾就是六十四人。按周礼规定，只有天子才能用八佾，诸侯用六佾，卿大夫用四佾，士用二佾。季氏是正卿，只能用四佾，而他却用八佾，是破坏周礼等级的僭（jiàn）越行为。图为现代演员还原表演的八佾之舞。

孔子：我不是圣人

住自己的官位，甚至还能够得到升迁的机会。"到了一年最寒冷的冬季，才能知道松树柏树不畏寒冷的君子品格""我的主张不能实行，那我就乘个筏子漂于海上好了""即使吃粗粮喝冷水，弯着胳膊当枕头，都没什么，我照样乐在其中，但是违背原则与道义取来的富裕与尊贵，我却看得与浮云一样轻""国家政治清明，我可以做官领俸禄，国家政治黑暗，还去当官领俸禄，这就是耻辱"——他向自己的学生们反复申明着自己的决心与志向。学生们看到，老师高大的身躯，挺得更直了。他宁可不做官，也不能在原则问题上妥协。

恰在这时，那个在夹谷会盟时出过坏主意的犁弥，又向齐景公献诡计："孔子正在鲁国当政，在他的治理下鲁国慢慢强大起来，这对我们齐国非常不利。我听说孔子虽然得到鲁定公支持，但实际当权的'三桓'却并不喜欢他。我有一条妙计可以离间孔子与鲁定公及'三桓'的关系，让孔子在鲁国无法立足。"

清代画家焦秉贞所绘孔子圣迹图·女乐文马

齐景公按照犁弥的计策，挑选了八十个盛装美女，外加一百二十匹披挂彩衣的骏马，送给鲁定公。因为怕被孔子发觉，齐国进献美女与骏马的队伍到了鲁国国都曲阜城南门外，并不进城，而是悄悄派人先拜见季孙氏。早就想除掉孔子的季孙氏，意识到机会来了，便乔装成百姓出城会见齐国使团。随后他立刻去觐见鲁定公，先是说齐景公如何钦佩他鲁定公，又是说齐国上下如何希望与鲁国交好，当然也不忘记把齐国进献的美女如何美艳、骏马如何名贵渲染了一番。鲁定公被这一顿迷魂汤灌得分不清东南西北，更贪恋齐国的美女与骏马，便瞒着孔子悄悄把齐国使团迎进城，美女骏马照单全收下。等到孔子知道时，再想阻拦已来不及了。

之后，鲁定公沉迷于齐国的美女与骏马，整日只是饮酒作乐，把孔子平日的勤政爱民的教诲全抛到脑后。孔子数次求见，鲁定公也是避而不见。季孙氏见计谋得逞，鲁定公疏远了孔子，自己也一连三天不去上朝，甚至连祭天这样的国事都不去参加。

急性子的子路忍不住了，对老师说："太不像话了！我们还是离开这个腐败的鲁国吧。"孔子对祖国有着难以割舍的留恋，也不愿抛下鲁国的百姓，他对鲁定公还存有着一丝幻想，希望鲁定公悔悟。孔子在作最后的等待，他轻叹了一口气，对子路说："再等等吧，就要举行春祭了，这也是国家最为隆重的祭祀典礼，如果他们按照传统礼仪来举行祭祀，就说明他们还没有忘记本分，这个国家也就还有希望，那样的话我们还是可以考虑留下来的。"

但祭祀并未按照孔子所倡导的周礼执行，按照规矩春祭之后应给士大夫送一份祭祀的烤肉，而这块祭祀的烤肉没有给孔子送来，送

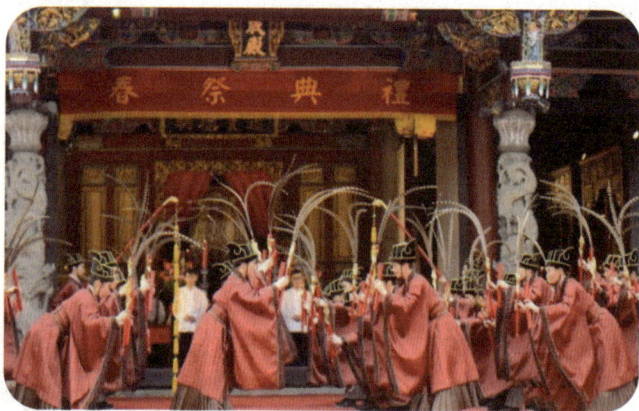

台北孔庙的春祭典礼

到孔子耳边的却是"三桓"计划阴谋迫害他的消息。

孔子内心十分清楚，他的理想与追求，与季氏为代表的"三桓"势力水火不相容，而他一介儒生注定无法与他们抗衡。伤心而又愤懑的孔子知道到了不得不离开鲁国的时候了。

早在青年时期心怀远大理想的孔子就曾经说过："如果有人肯让我治理国家，一年的时间我就能够使这个国家发生好的变化，三年的时间就会有显著的成效。"孔子没有食言，他在鲁国任职的四年就是最好证明。夹谷会盟让鲁国在诸侯国中提高了威望；"堕三都"显示了孔子改革的态度与治理国家的决心与力度；四年时间，孔子让鲁国社会稳定，日趋繁荣，集市上价格公平合理，没有欺行霸市的现象；外地人到了都城曲阜，都会受到周到的接待，再也不必向官员送礼求情。一种蓬勃向上的气象正在鲁国形成，人们似乎已经看到鲁国强大的未来。

但是改革的主导者孔子，却要被迫离开自己的祖国。孔子离开得是那样匆忙，甚至连春祭时戴的礼帽都没有顾上摘掉。虽然行色匆匆，但更多的是恋恋不舍。那里有他与母亲相依为命的阙里，那里有他父母长眠的墓地，那里有他传道受业解惑的杏坛和他众多的学生，那里有他热爱的鲁国百姓，当然还有他的妻子儿女……

国境线上，孔子徘徊复徘徊，回望再回望。天这样晚了，暮色已经四笼。随行的学生们催促着老师，该走了，总得走呀。可是他们的老师，还是久久不能迈开步伐。于是当晚，他们就住在鲁国边境的一个小村子。

一个名叫师己的乐师，听闻孔子要离开鲁国，特意赶来送行。孔子对于音乐是有着深厚的造诣的，他不仅在乐与歌中寄托着礼，还寄托着自己难以为俗世所理解的性情与理想。

夜暮将一切都抹得混沌，惟有祖国在孔子心中像朗日照耀一样清晰。师己知道眼前的这个人正痛苦着，他不知道该怎样去抚慰。他只是不由自主地说："先生，您是没有过错的。"孔子被这简单一句话感动了，他知道这不仅是师己，还是鲁国的士子、百姓的想法。当然，有这种想法的，一定还有鲁国的国君，那个傀儡一般的鲁定公。

夜色里，春风拂来，带来泥土与花草的气息。孔子对师己说："我们唱一首歌吧。"于是，歌声便在这春天的夜空中荡漾开来："用的是美人计，就是想将我赶走；他们中计了哇，鲁国的政事可就没有救了。"意犹未尽，孔子又接着唱道："我多么想再看一眼我亲爱的鲁国啊，可是有龟山把它遮着；我的手里没有劈开龟山的大斧，可恶的龟山呀还是将我的鲁国遮着……"

只是，谁能够听懂这歌声背后的忧伤与愤懑呢？

连农夫也批评

孔子一行周游列国的第一站，就是鲁国的西邻卫国。

当孔子师徒来到卫国的国都帝丘，一进城，他们就被街道上熙来攘往的繁荣景象所震撼，孔子禁不住赞叹道："了不得，人真是多呀！"听到老师的感叹，冉有便问老师："像这样人口众多了，再进一步该怎样做？"他这是向老师求教，又是在考问老师。孔子的学生在老师面前都很大胆，也无拘无束。孔子觉得这是一个教育学生的好机会，便郑重回答道："人口多了，城市繁荣了，但是这都不值得骄傲，还要把经济搞上去，让人民富裕起来。"

冉有却没有满足于孔子的回答，而是继续追问道："社会繁荣了，人民也富裕了，那么就完了吗？还有进一步要做的事情吗？"孔子颇有几分欣慰地看着冉有，点点头说："那就是办好文化教育，让百姓受到好的教育了。"

师徒一行便暂时在繁华热闹的帝丘安顿下来，但离开鲁国远行的孔子，对于未来并没有一个清晰的方向和明确的归宿。虽然前路渺茫，但孔子却让自己沉于音乐之中，于是清远而又惕厉的石磬（qìng）声回响在帝丘的僻巷间。

想不到自娱自乐、随心所欲的磬声，竟然能够引起一个农夫的注意。他背着草筐，驻足在孔子的门前，仔细地倾听。听着听着，他竟自言自

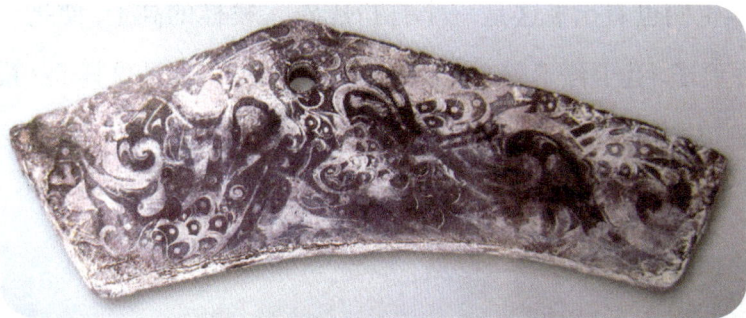

磬，我国古代打击乐器，形状像曲尺，一般为石制，也有金属制。图中的磬为湖北省荆州市江陵纪南城出土。

语起来："这个击磬的人，可不是个凡人，这磬声，承载着多少事情啊！只有一个心怀天下的人，才能有这般如泣如诉又意境深远的旋律呀。"

孔子的磬声似乎有一种深潜的力量攫住这个农人的脚步，他索性放下草筐，彻底沉浸在磬声里。听着听着，竟忍不住同情起这个击磬的人来。

孔子的学生们，也感到奇怪，一个农人竟能够对老师的磬声如此入迷。更让他们奇怪的是，这个农人竟然又批评起老师来。只见他边听着磬声边责怪着："太执拗了太执拗了，自信得有点不自量了吧？你这不太为难自己了吗？该放手就得放手，这个世道已经糟糕成这个样子了，你一个人是救不了的。要是这个世界真有一点值得挽救的地方，你尽力做也无可厚非。可是真的已经是病入膏肓回天乏术了，没有人知道你、理解你，你就做个隐士好了，也比你这样明知办不到还要坚持的好。这好比过河，河水浅一些还可以挽起衣裤蹚水过去，可是现在河水都深得没顶了，再怎么弄衣服也得湿，还不如干脆不管衣服直接游过去。"

学生们也看出了这是一个打扮成农人模样的高士，便把他的话告诉了孔子。孔子停了磬，惊奇却又坚定地说："真是这样吗？最后的结局是很难预料的，难道我的道就没有通行的地方吗？不做怎么会知道呢？"

孔子击磬处，位于河南省卫辉市。碑上文字为清代乾隆皇帝御笔亲题。

孔子这种"知其不可而为之"，就是明明知道没有路、行不通，还是要披荆斩棘地走下去，也就是那个磬声中所表达的不屈不挠的精神。这种精神，是孔子贯穿一生的精神，碰壁碰得头破血流或者四处漂泊无家可归，他还是意气风发不改初衷，只顾向前。

山东省临沂市沂南县北寨汉画像击磬图。

匡蒲遇险

卫国的国君卫灵公很敬重孔子，隆重地接见了孔子一行，并给了孔子在鲁国做上卿时一样的待遇。可是过不多久，有人向卫灵公进谗言："孔子带了那么多的学生，人才济济，谁知道他们是不是为了鲁国而对卫国有什么图谋，所以我们必须要对孔子多加防备。"卫灵公听信了谗言，刻意疏远孔子不说，还对他进行了严密的监视，孔子进出都有卫灵公的人盯梢。严峻的形势使孔子不得不动身离开卫国前往晋国。

可是孔子师徒刚到卫、晋边境的黄河边上，就听到晋国的两位贤大夫窦鸣犊、舜华被晋国的实际掌权者赵简子杀害的消息。一脸愁云的孔子对着河水感叹道："河水是这样的壮美，这样的绵延不绝啊！我不渡过这条河，也是命吧！"子贡听了上前问道："请问老师，这话是什么意思？"孔子说："窦鸣犊和舜华两人，是晋国有才德的大夫。当赵简子还没有得志的时候，是倚仗这两人才能顺利执政的；如今他得志了，却杀了他们来独掌大权。我听说过：一个地方的人，如果残忍到剖开怀孕动物的肚子来杀死幼兽，麒麟就不肯现形了；排干了池塘的水来捉鱼，蛟龙就不肯调和阴阳来兴云致雨了；弄翻鸟儿的巢打破了卵，凤凰就不愿意飞来了。这是为什么呢？是忌讳自己的同类受到伤害啊！连飞鸟走兽对于不义的人和事尚且知道避开，何况是我孔丘呢！"

孔子：我不是圣人

晋国是去不成了，于是孔子决定改去陈国。

一行人走到匡城的时候，刚好遇上背叛卫国的公叔戍占据了蒲，前面通行的道路被封锁，于是他们只好暂时前往匡城等待。而弟子颜刻一边赶车一边用鞭子指着前面，大声地向孔子介绍说："老师，这个地方我熟悉，我曾和阳虎一同来过。从前我进这个城，就是由那个缺口进去的。"

这下可惹下了大祸。周围的匡城百姓听见了这句话，看了看孔子的身材容貌，大喊一声："阳虎来了，别让他跑了。"顿时周围的匡人一拥而上，把孔子一行人围困起来。原来，鲁国季孙氏的家臣阳虎曾经欺辱虐待过匡人，匡人对其恨之入骨，孔子的长相又与阳虎有着几分相像，匡人便把孔子当做了阳虎，哪里肯轻易放过这一行人？包围的人越聚越多，局势越发紧张起来。

学生们用几辆牛车首尾相接围成一圈，将孔子护在圈子中心，而大家则手牵手坚定地守卫着老师与车辆。子路站到牛车之上，络腮胡

北朝铜牛车

子在风中起伏，双目闪着光芒，犹如燃着无畏的火焰。双方就这么僵持着，天色也渐渐黑了。

包围的匡人，不肯离去也不敢靠近，于是干脆席地而坐，把孔子一行紧紧围在当中。

好不容易熬到了东方泛白，难以入眠的孔子师徒仍然没有看到匡人撤退的迹象。就在大家被紧张和疲惫压得有些透不过气来的时候，孔子站起身来，轻轻掸了掸衣服上的尘土，镇静地说："周文王虽已死了，文化道统并没有丧失，文化传承的重任不都在我们身上吗？上天如果要绝灭这个文化道统的话，就不会让我们能够认知并负起传承的责任。天意既然是不绝灭这个文化道统，那匡人又能对我怎么样？"说罢，孔子沉静坚定的目光扫过自己的学生们，让学生们都无比振奋，也让包围的匡人起了隐隐的骚动。

还是子贡心细，他隐约听到了匡人对于阳虎的咒骂，而咒骂时还对着自己的老师指指点点。子贡似乎明白了些什么，他来到孔子的耳

匡城遗址，位于河南省商丘市睢县匡城乡。

孔子：我不是圣人

边，悄悄对孔子说了几句话，便站上牛车，向着包围的人群大声说道：

"你们认真地看看，这就是我们的老师孔子，他心里装满仁爱与同情，怎么可能是那个作恶多端的阳虎呢？还有，我得告诉大家，我们的老师，也是反对过阳虎的人。"

子贡的话打破了紧张对峙中的宁静，包围人群里议论纷纷。有几个胆大的匡人凑到近处，细细地打量孔子。许久，这几个人才颇有些失望地小声嘟囔着确认"还真不是那个阳虎"，虽然声音不大，却如惊雷般在包围者的队伍里炸开，匡人四散开去，孔子一行也终于重新前行。

谁知孔子一行刚离龙潭，又入虎穴，前行不久，就又被围困了！这次围困孔子的是蒲人，只听得一个嘹亮的声音在人群里喊道："包围他们！不要放他们走！就是这个鲁国的孔子，在帮助我们的敌人卫灵公。如果放他们走，他们就会向卫灵公报告我们的情况，并会合伙来消灭我们。"

清代画家焦秉贞所绘孔子圣迹图·匡人解围

动员者就是带头反叛卫国的公叔戍。

这一围就是五天。到了第五天的傍晚，包围的人群仍没有散去的意思，看来公叔戍想以人数的优势，困死孔子。孔子与他的学生们知道：绝不能坐以待毙！

首先站出来的是公良孺，他对孔子说："我和老师一再遭难，这就是命运吧。命运也得掌握在自己的手中，我跟他们拼了，拼死也要为老师开出一条生路来！"于是他领着同学们保护着孔子借着暮色开始突围。

已经包围五天的蒲人完全没有想到这些文质彬彬的青年们，竟然会突然选择突围，而且战斗起来还如此勇猛，蒲人胆怯了，纷纷向后退却。可是包围的人实在太多，这边的刚退去，那边的马上又补上来，而孔子他们毕竟只有几十人，势单力孤，左冲右突也无法冲出蒲人重重的包围。几次冲锋下来，蒲人虽然伤者众多，但孔子的学生们也冲得七零八落，只有孔子的身边还集合着几名学生。

公叔戍眼看形势不妙，便向孔子提出谈判。公叔戍对孔子说："如果你不再回到卫灵公那里帮助他，我就放你们走。"不忍看到双方再厮杀下去的孔子毫不犹豫地答应了公叔戍。

双方谈好条件，进行了盟誓后，蒲人才放了孔子一行。在刚才激烈的战斗中失散的弟子也纷纷回到队伍，唯独少了孔子的爱徒颜回。孔子焦急万分，坐立难安，坚持要找到颜回才肯上路。幸运的是颜回毫发无损地回来了，孔子紧紧握住颜回的手，责怪说："真是让人担心呀！我以为你已经死了呢！"颜回说："老师，你还在，我怎么敢先死呢？"

危险终于过去，他们却又接到了卫国贤大夫蘧（qú）伯玉的信，卫灵公邀请孔子一行返回卫国。何去何从？弟子们产生了分歧。有的说刚刚盟誓，就出尔反尔，不是君子所为；有的说不用管什么盟誓，应当回到卫国。每每到了这种时候，大家都很看重老师的意见，在大家的期待里，孔子神态自若地说："我们重新回到卫国去休养生息。"此时，子贡提出了质疑："约定好的条件可以不遵守吗？"孔子说："在胁迫下订的条约，神明是不会认可的。"

于是公元前496年的春天，孔子重返卫国。正被反叛者骚扰得焦头烂额的卫灵公听说孔子回来了，欣喜不已，亲自出城迎接孔子一行。

蘧伯玉乘车图

陈蔡绝粮

　　老迈的卫灵公一直没能重用孔子，甚至还有了怠慢孔子的迹象。一次他们聊天，孔子正说着话，卫灵公却仰头看起天上的大雁，似听非听。孔子立刻失去了谈话的兴致，内心便有了离开卫国的想法。过了不久，卫灵公去世，齐国支持灵公的孙子辄（zhé）继位，也就是历史上的卫出公，可是吴国却支持灵公的儿子蒯聩（kuì），要夺回卫国的继承权。卫国的动荡局势迫使孔子带领学生们离开卫国。这一年是公元前492年，正好是孔子的"耳顺"之年——60岁。

　　这次的旅途，十分艰难。经过曹国，曹国没有接待。途经宋国，非但没有人接待，还遭到了宋国司马桓魋（tuí）（亦叫向魋）的恐吓与攻

卫灵公及其夫人

击。原来，当年这个桓魋，为自己造了一口石椁（椁，套在棺材外面的大棺材），花了三年时间还没完工。孔子觉得这太过分了，多少百姓饭还吃不上，这个桓魋竟然为了自己死后准备得这样豪华，就批评说："这样浪费，死了还倒不如快些烂掉好！"

桓魋怀恨在心，不仅派人将孔子师徒习礼的大树伐掉，还一路追杀孔子一行。孔子与他的学生们躲避着，抵抗着，混乱中师徒们也被冲散了。等逃到郑国，孔子与学生失散，学生们都焦急地寻找老师的行踪，这时有人对子贡说："东门口有个人，他的额头像唐尧，脖子像皋陶，肩膀像郑子产，可是从腰部以下比禹又短了三寸，一副狼狈不堪、没精打采的样子，像一条丧了家的狗。"子贡等弟子来到东门发现那个郑人说的正是孔子，师徒重逢感慨万千，子贡将那个郑人的话原封不动地向孔子转述，孔子哈哈大笑地说："形状像不像不大重要，倒是说我像一条丧了家的狗，说得太对了，太对了！哈哈哈！"在这样的情景之下，一个走投无路的老人，还能这样幽默地笑着，夸奖别人说得对，该是怎样的一种博大而又乐观的胸怀啊。

师徒一行经过郑国又到了陈国，好不容易得到了国君陈湣（mǐn）公的礼遇，一行人刚刚安顿下来，却又遇到了吴国侵略陈国，楚国派兵支援陈国，战争打得如火如荼。战火之中，孔子师徒准备访问楚国，便又开始了居无定所的漂泊。就在他们漂泊到陈蔡交界的负函之地的时候，他们遇到14年漂泊生涯里最为险恶的考验：被困于恶兵的包围之中，断粮七日。

跟从的弟子有的饿病了，有的饿得已经站不起来了。当然，还有一种不安的情绪正在弟子们中间蔓延。碰壁也好，艰苦也罢，总是在坚信着老师、跟随着老师。可是如今死亡的威胁正在慢慢靠近，而前面又没有一丝光亮。不安之中隐含着一种动摇。

孔子却越发的从容与安详了。

同样忍受饥饿煎熬的孔子，不停地给他的学生们讲课，不停地给他的学生们朗诵诗歌，弹琴与唱歌。这需要更大的消耗、更多的体力，对一个六十多岁的老人来说，这一切都因为有着一个巨大的精神力量的支撑而成为可能。

大家被老师感染着，在饥饿中度过漫长的一分一秒。

到底是直肠子的子路忍不住了，他满脸的不高兴，走过来质问老师："老师你天天讲道德讲学问，结果怎么样？现在同学们都快饿死

清代画家焦秉贞所绘孔子圣迹图·在陈绝粮

了……"真是一个教育弟子的绝佳机会，孔子耐心地教育他："只有君子才能够不怕贫穷与饥饿，因为他们虽然身处这样的困境中，却会坚守自己的信仰毫不动摇，甚至会将这种困境当作磨砺自己提高自己的磨石与台阶。小人却不，正好相反，一贫穷一饥饿，什么样的坏事都可以干得出来。我相信你子路一定是个可以将饥饿踏在脚下的君子。"

孔子知道弟子们饥肠辘辘，已经在心里产生了不满，还因为一路上的颠沛流离，紧张与害怕的情绪始终在纠缠着弟子们。他想，这样的机会也是很难得的呢，不妨将此困境作为一次特殊的教学实验吧。也许，他们会在心里记忆一辈子，并让自己的人生境界得到一次真正的提高。于是，他安排大家挨个儿进来与自己进行一对一的研讨。

子路性急，那就先叫来子路吧。孔子没有发问，却先唱开了《诗经》中的《何草不黄》，声音浑厚而又苍劲——"不是老虎，又不是犀牛，徘徊在旷野，是什么因由……"多么好听的歌声，把子路唱得眼睛瞪得大大的。老师停住歌声问他："难道是我们的学说有什么不对吗？我们为什么会落到这种地步呢？"直率的子路不假思索："大概是我们的仁德还不够吧？所以人家不信任我们；或者是我们的智谋还不够吧？所以人家不放我们通行。"孔子知道这是大是大非的问题，不能有半点含糊的，于是对子路说："怎么能这样理解呢？仲由啊（子路姓仲，名由，字子路），假使有仁德的人就能够得到众人的信任，哪里还会有伯夷、叔齐两个贤人饿死在首阳山呢？假使有智谋的人就能够畅通无阻，哪里还会有比干被剖心呢？"

子路若有所思地退出，孔子又喊了子贡进来。孔子仍旧缓缓吟唱《何草不黄》，然后提出了同样的问题。子贡的回答与子路的有所不

南宋画家李唐所绘《采薇图》局部，以殷末伯夷、叔齐"不食周粟"的故事为题而画，着力刻画了伯夷、叔齐宁死不愿意失去气节的形象。

同："老师的学说博大到极点了，所以天下没有一个国家能够容纳老师。老师何不稍微降低一些您的要求呢？"

子贡提出了一个严肃的问题，要让孔子降低自己的主张去适应各国诸侯。

孔子同意吗？尤其是在就要饿死的情况下。孔子是这样回答的：

"学生啊，好的农夫虽然善于耕种，但是他却不一定有好的收成；好的工匠虽然有高超的手艺，但是他的作品却未必能使人们都称心如意。有修养的人能够更加坚定地研修自己的学说与主义，就像结网一样，纲举目张，依次进行，但是却不一定被人接受。现在你不去研修自己的学说坚守自己的主义，反而要降低自己的标准来苟合取容，你的志向太不远大了。"

子贡若有所悟地退出，孔子就又叫了颜回来见。

颜回面对相同的问题，没有迟疑，胸有成竹地大声回答："老师的

孔子・我不是圣人

学说博大极了，所以天下没有一个国家可以容纳得下。即便如此，老师还是一如既往地推行自己的学说，不被天下接受又有什么关系呢？不被接受，这样才更能显现出君子的本色！一个人不研修完善自己的学说，那才是耻辱。至于已经下了大力气甚至是毕生精力研究的学说不能够被人所用，那只是当权者的耻辱了，说明他们有眼无珠，说明社会暗无天日。"

颠沛流离的孔子，听到了颜回的回答，欣慰地笑了，郑重地点点头，喜悦地说："是这样的呀，姓颜的小伙子！如果你有很多钱财，我愿意给你当家臣做管家！"

而后，师徒俩就扬起喉咙，同声唱起那首《何草不黄》，声音奔放而又激越——不是老虎，又不是犀牛，徘徊在旷野，是什么因由……

多知道点

《何草不黄》

《何草不黄》是《诗经·小雅》中的一篇，描写行役在外的征夫生活艰险辛苦，表达对不公平待遇的抗议。全诗如下："何草不黄？何日不行？何人不将？经营四方。何草不玄？何人不矜？哀我征夫，独为匪民。匪兕匪虎，率彼旷野。哀我征夫，朝夕不暇。有芃者狐，率彼幽草。有栈之车，行彼周道。"

与隐士过招

在陈蔡绝粮七天的孔子师徒，最终被楚国的兵将解救出来。孔子听闻楚国有一位贤大夫名叫沈诸梁，此时正驻守在负函（今河南信阳），便决定赶往负函会见他。沈诸梁这个名字大家不一定熟悉，但他的另一个称谓大家却一定知道，因为沈诸梁的封地在叶，所以人称叶公，也就是中国著名成语故事"叶公好龙"的那个叶公。

虽然沿途已是楚国的地盘，但是毕竟这些地方曾是蔡国的领地，加之孔子在列国的声望与他们师徒结伴而行时的阵势，还是引来人们的注意。于是，前行中便不断地有隐士高人来与孔子或交锋或切磋。

孔子首先碰到了楚国的狂人接舆（yú）。他在楚国的名气很大，是个道家的人物，狂并不是疯狂，只是装疯而已。楚狂接舆就是不出来做官，甘心当种地的农民，他觉得那时的世道太坏了，打打杀杀全是不义的战争，而为这样的政府做事就是帮凶。楚王曾经派遣使者以重金请他出来治理河南，但是被他拒绝了。

好个接舆，还没走到孔子跟前便唱上了："凤啊凤啊，你可要倒霉了，这个时代出来干什么？过去的错了也就算了，未来的你还是可以改正的。你想把这个时代挽救过来，这是挽救不了的啊！算了吧，算了吧。这个糟透了的时代是没法挽救了，你这个时候出来求仕真是太危险了。"这个歌当然是唱给孔子听的，但是并不直说，而是以凤凰代替

孔子。古人往往将麒麟、凤凰代表人中的君子，认为只有太平盛世才能出现这两种祥物，如果在乱世出现，那麒麟、凤凰就相当危险了。

接舆唱得有些悲凉，对于那个社会已经失去了信心；可是悲凉里又有淡淡的温暖，这温暖便是怕孔子遇到危险，与其身陷险境，不如回家也种上几亩地，养家糊口吧。

孔子一听，知道这个人不简单，赶忙让车停下来，不等车停稳就跳下车，想与他谈谈自己的理想。可是接舆一见孔子要与自己说话，马上加快脚步走开了。真是神龙见首不见尾。

孔子追着接舆的身影，也打开有些沙哑的喉咙，唱开了："将水排干而取鱼，龙就不来了；将鸟巢毁坏而取卵，凤凰就会飞走。我们所处的时代，还没有坏到这个样子，都去为了自己而隐藏起来，谁来拯救这个混乱的社会？"接舆听到了孔子的回答，也在心里佩服这个鲁国的圣人，可是他做不到像孔子那样站出来拯救社会，便头也不回地走远了。

清代麒麟凤凰青花盘

孔子师徒继续前行，却被一条河拦住了去路，又不知道渡口在哪里，正好遇到两个在田地里并肩耕种的人，于是就派子路前去"问津"。

子路先请教于长沮（jū），长沮不回答问题，却反问道："你替他赶车的那个老头儿是谁？"其实他是明知故问，在孔子师徒没来之前他就知道孔子，也知道孔子周游列国的到处碰壁。子路就怕人家不知道车子上坐的是谁，颇有些骄傲地告诉他："是我的老师呀，世人皆知的孔丘啊。""就是鲁国的那个孔丘吗？""是啊，就是他，那还能错！"这时长沮才将自己心里的话讲了出来："既然是孔丘，那他当然知道该怎么走、走哪条路，还要来问我们这些个种田人吗？"言外之意是说他孔丘周游列国，到处传道布道，向各国的国君指点迷津，他自己反倒不知道该走哪条道了？除此之外，还有一层深意，那就是那个楚狂接舆所说的这个世道已经没法救了，算了吧，算了吧！

"一头雾水"的子路又转而问旁边的桀（jié）溺。桀溺也没有回答渡口到底在哪里，而是议论了一番："礼崩乐坏，战乱不止，争权夺利，世风日下，这已经像滔滔的洪水，成了时代的潮流，谁也没有力量去改变它了。你们的老师孔丘不是在鲁国遇到像季孙氏这样的卿大夫却篡夺了国君的权力，没有办法不得不离开鲁国而周游列国的吗？这些年来又怎样呢？还不是屡屡受阻，找不到一个理想的诸侯而让你们施展抱负吗？与其跟着孔丘四处碰壁，还不如像我们一样脱离这个洪水滔滔的世道，种田糊口，不管世事。"说罢，再也不理子路，只顾埋头耕种他们的田地。

碰了一鼻子灰的子路，将两位隐士的话原原本本告诉了孔子。孔

子听了，脸色都变了，好长时间没有吭声，酸楚，悲凉，落寞，也就在心头弥漫开来。末了，孔子正了正自己的衣冠，对自己的学生们说："同学们，这里就是课堂，请听我讲一堂出世入世的课吧。'鸟兽不可同群，鸟在天空中自由翱翔，兽在山林中无忧无虑地奔跑，人各有志，只有各走各的路了'。其实，我也知道这个世道是改变不了也挽救不了的，我又何尝不想与他们一样丢下这个世道、这个丑陋的社会不管，只管自己种田？但是都不管，这个世界不是就没有丁点希望了吗？那就让我牺牲好了，不到我闭上眼，我不会停止的，我就是要努力改变这个社会。咱们这样的人多了，谁能说就没有一点希望了呢？我不是还有众多弟子吗？如果是天下太平，仁政遍施，反倒不用我孔丘去改变什么了，那时我倒可以去种田了。"

声音洪亮，透着一种百折不挠的坚定。是说给学生们听，也是说给长沮、桀溺听。

清代画家焦秉贞所绘孔子圣迹图·子路问津

"问津"这个"小插曲",表面是问渡口所在,实际是寻找救世道路与人生道路,这也折射出道家、儒家不同的人生观与政治观。"指点迷津"的典故,出处就在这里。

师徒一行继续前行,子路不断回想和思考老师刚才的话,大受启发,却不知不觉掉了队。他看见前面有一个用拐杖挑着除草工具的老人——荷蓧(diào)丈人,于是就有礼貌地问:"请问您看见我的老师了吗"?"荷蓧丈人"有些讥笑地说:"什么你的老师?这种人不会劳动,连五谷都分不清楚,光会张嘴巴吹牛,谁见过你的什么老师?!"子路想起了老师的教导,便理直气壮地反驳道:"一个有知识有文化的人不出来做官是不义的,人在家庭、社会之中,各应承担责任,如果都像你们这些隐士一样,社会的责任谁来担负,那还不乱了套?君子出来做官,就是要承担起自己的那份责任,这就是'义'的一种表现。至于这个社会已经糟糕透顶不可收拾,我们的主张行不通,那就更说明需要我们这样的人站出来改变社会!"

这一番慷慨激昂的话,还真把"荷蓧丈人"说得感动了。他抬头望了望天,思索了一阵子,脸上露出了和蔼的笑容,不仅留子路到自己家里住了一夜,还杀了鸡,做了好吃的饭,并让自己的两个儿子出来陪着客人用饭。

子路第二天找到老师,一五一十做了汇报,脸上还露出了得意的神情。老师听了子路的汇报,表扬了他,还向他说这是一个隐居的高人,并让子路回去找他。谁知等子路前去找他,这个"荷蓧丈人"却连家也搬得不知去向了。

59

孔子·我不是圣人

重回鲁国

孔子周游列国的最后四年是在卫国度过的。

尽管卫国与鲁国有着相同的政治与文化，尽管卫国有着那么多的贤人君子与孔子有着心灵的相通，但是思乡的情绪却是愈加地浓烈了。在无人的夜里，这个曾经不知老之将至的人，一定会仔细地回顾这十四年的漂泊之旅，思乡就更加急切了。

那个生他养他的鲁国，不管醒时梦里，开始越来越多地出现在孔子的心上。

当然，还有此时的鲁国，也在想念着孔子。

山东曲阜鲁国故城全景

鲁定公死后，鲁哀公继位。掌握鲁国大权的季桓子得了重病，觉得自己将要不久于人世。在儿子季康子的陪同下，季桓子在大街上乘车巡看。他要再看一遍鲁国的国都。人之将死，其言也善。病重的季桓子突然仰天长叹："从前这个国家几乎就要兴旺起来，因为我得罪了孔子，让他在外流落了多年，也使国家失去了一次兴旺的机会。"说罢，又转过头来对季康子说："我死之后你一定会接掌鲁国的政权辅佐国君。在你辅佐国君之后，不要忘了把孔子召回来啊。"没过几天，季桓子就死了，继承了权力的季康子想到了父亲的嘱咐，丧事一办完就准备将孔子召回来。此时，有个叫公子鱼的大夫出来劝阻说："从前我们的国君鲁定公曾经任用过孔子，没能有始有终，最后落了个被诸侯耻笑的结局。现在你再任用他，如果不能善终，不是还会召来诸侯的耻笑吗？"

季康子听罢，搁置了重新启用孔子的计划。而后来发生的两件事情，却坚定了季康子迎回孔子的决心。

一件事发生在公元前488年。这时强大起来的吴国不断武力威胁国力较弱的鲁国，鲁国被迫在鄫（zēng）城与吴国谈判。吴国强硬地要求鲁国拿出一百头牛、一百只羊、一百只猪作为献礼，是为百牢，还威胁说："宋国已经拿了这个数目，你们鲁国绝不能少！"鲁国争不过吴国，只好如数奉上。可是吴国得寸进尺，要求季康子亲自前往献礼。季康子不肯受辱，便让孔子的学生子贡作为大使前去接洽。子贡想到了老师的夹谷会盟，便用周礼说服了吴国，很好地完成了使命，使季康子免于受辱。

第二件事发生在第二年，吴国再次派兵侵略鲁国，这次孔子的学

生有若与七百武士一起英勇抵抗，击退了吴国的侵略。

面对鲁国国势衰退、强国入侵的危急局面，鲁国国君与季康子想到了孔子众多学生这个最好的人才库。听说孔子的学生中有个叫冉有的，很有军事才能，季康子便派人到卫国来见孔子，想请孔子让冉有回鲁国做事。

孔子没有迟疑，同意冉有回鲁国任职。想到自己的学生能为祖国出力，孔子高兴而又自豪，兴奋地对众学生们说："咱们鲁国这回请冉有回去，一定会重用他！"子贡这时正好在老师的身边，也被老师谈起家乡时的兴奋所感染，知道老师是深深地想家了，便把冉有单独叫到一边，嘱咐他："老同学，看到了没有，咱的老师是想家了啊。如有机会，一定要动员季康子将老师请回去。"冉有悄悄地看了一眼已是满头白发的老师，眼睛湿润了，认真地点了点头。

冉有果然是个军事天才。他回国后不久，鲁国就遇到齐国的入

清代画家焦秉贞所绘孔子圣迹图·作歌丘陵图

侵。国难当头，冉有挺身而出，统率军队，同齐军英勇作战，一举打败了齐国的军队。季康子对冉有钦佩有加，问冉有："您的军事才能，是学来的呢？还是天生的呢？"冉有回答说："我是从老师孔子那里学来的。"季康子又问："孔子是怎样的一个人呢？"冉有郑重地说："我的老师是一位有气节又胸怀仁爱的人，使用他要符合名分，他的学说不论是传布到百姓中，还是对质于鬼神前，都是没有遗憾的。"季康子接着说："我想召请他回来，你觉得可以吗？"冉有叮嘱道："您想召请他回来，只要不让小人从中作梗就可以了。"

听了冉有的回答，季康子深思起来。孔子前次的出走，已经让鲁国落了个被诸侯耻笑的结局。这样一个得到列国认可并有着崇高声望的孔子，却要离开鲁国，长期以来已经对鲁国掌权者季氏形成了不小的舆论压力。请孔子回来，可以立刻将这一压力减轻。还有，季氏通过任用孔子的学生如子贡、有若、冉有等，已经获得了成功，收到了重大效果。接孔子回国，必然会在鲁国孔子的众多学生中间产生良好的反响，也会相应增强季氏在鲁国的实际势力，并在舆论上得到绝大的好处。于是，季康子便派了使节，赶着马车、带着礼物到卫国迎接孔子。

54岁时坐着牛车周游列国的孔子，终于在68岁的时候，坐着鲁国派来的马车，回到了自己的祖国。

孔子：我不是圣人

几个好学生

最得意的弟子颜回

孔子曾这样赞美颜回:"颜回多么有修养呀! 住在窄陋的小巷里,一竹筐饭,就着一瓢清水,过着穷困的日子。谁能受得了这样窘迫的生活? 你却只顾学习上进并以此为乐,颜回多么有修养啊!"

起于贫寒,仁于心,贤于世,颜回那颗柔和而又宁静的心,能够敏感体察世间最细微的伤痛。

有一次看到东野毕驾车威武而过,鲁定公问颜回:"你看东野毕驾车的本领如何?"颜回说:"驾车的技术是没的说,只是他的马非常

陋巷故址,位于山东省曲阜市颜庙内

容易受伤和逃跑。"听了这话，鲁定公还嫌颜回迂腐。可后来事实果然证明了颜回的判断。鲁定公惊讶于颜回的眼力，要探个究竟。颜回语义双关地告诉他："我是根据自己的观察和历史经验知道的。古时的舜帝，十分珍惜民力，当时还有一个叫造父的很会掌握马力。舜不让他的人民过于劳累，造父不让他的马用尽全力。你看东野毕，使马朝夕驰骋，得不到一点儿休息，他的马怎么会不累得受伤和逃跑呢？"

孔子对颜回也有一个逐步认识了解的过程。颜回开始跟着孔子学习的时候，只是一天一天地听讲，不提疑问，也不提反对意见，孔子甚至有些怀疑颜回是否愚笨。但是孔子对待学生是那样的细心，通过观察他发现颜回并不是没有疑问，而是回去后自己再悉心研究，不仅自己解决疑难问题，还能从老师所讲的东西上，生发出自己的思想与发现来。有一回孔子问子贡："你与颜回哪一个更强一些？"子贡说："我怎么能与颜回比？他是学习一件事情，可以推演明白十件事情。我是学习一件事情，只能推演明白两件事情。"这时，比颜回大三十岁的孔子信服地告诉子贡："是的，是赶不上他，我和你都赶不上他。"

颜庙，位于山东省曲阜市。颜回是孔子最得意的弟子，列七十二贤之首，历代君王不断加封谥号，到明嘉靖年间被尊为"复圣"，所以颜庙又称复圣庙。

还有一次孔子这样对颜回交心说："任用我，就让我们的理想实行起来，不用我，就把理想藏在心里，只有我和你才能做到。"这俨然是对一位知己的口气。

擅长外交的子贡

孔子对子贡的器重仅次于颜回。孔子曾经深情地说："自从我有了子贡这样的学生，远在各国的好多学子就络绎不绝地来到我的杏坛学习。"可见子贡在各国的影响力。他是那个时代著名的商人，或者干脆可以说是中国第一位真正的儒商。他更是孔子培养出来的闻名列国的杰出外交家。

有一年齐国的田常带着大军侵略鲁国，形势十分危急。这时，孔子对他的学生们说："我们的祖国危险到这种地步，诸位为什么不挺身而出呢？"子路首先站出来请命，孔子制止了他。子张、子石接着请求前去救鲁，孔子也不答应。只有子贡请求前去救鲁的时候，孔子才放心而爽快地答应了他。

孔子深知子贡的卓越外交才能。有一次孔子问子贡的志愿，子贡慨然而答："两国冲突，壮士列阵，尘埃涨天，剑拔弩张，这个时候我

车马出行图，徐州汉画像石

赤手空拳就能解决两国的纠纷，听从我的就能胜利，不听从我的就会失败！"

这次鲁国有难，子贡出马果然就化险为夷。他直接去见齐军统帅田常，晓以利害："我听说，忧患在国内的，要去攻打强大的国家；忧患在国外的，要去攻打弱小的国家。如今，您的忧患在国内。我听说您多次被授予封号而多次未能封成，是因为朝中大臣有反对您的呀。"一阵侃侃而谈，便说动了田常进兵强大的吴国。紧接着子贡又马不停蹄，赶到吴国，游说吴王说："我听说，施行王道的不能让诸侯属国灭绝，施行霸道的不能让另外的强敌出现，在千钧重的物体上，再加上一铢一两的分量也可能产生移位。如今，拥有万辆战车的齐国要独自占有千辆战车的鲁国，和吴国来争高低，我私下替大王感到危险。况且去援救鲁国，是显扬名声的事情；攻打齐国，是能获大利的事情。"一番话便让吴王下了援鲁伐齐的决心。而后子贡又出使越国，说服弱小的越国派兵支援吴国北征齐国，解除了吴国的后顾之忧。之后，子贡折返北上，出访晋国，对晋国国君又是一通雄辩："我听说，不事先谋划好计策，就不能应付突然发生的变化，不事先治理好军队，就不能战胜敌人。现在齐国和吴国即将开战，如果吴国不能取得胜利，越国必定会趁机扰乱它；如果吴国一战取得了胜利，吴王一定会带他的军队逼近晋国。"晋国国君非常恐慌，说："那该怎么办呢？"子贡说："整治好武器，休养士卒，等着吴军的到来。"晋国国君依照他的话做了。

果如子贡所料，吴国打败了齐国，晋国打败了吴国，越国又趁机灭掉了吴国，而鲁国得以保全。《史记》作者司马迁佩服地说："子贡一次出使，使各国形势发生了相应变化，十年当中，齐、鲁、吴、晋、越五

国的形势各自有了巨大的不同。"

孔子逝世之后，子贡为老师守丧6年，相传孔子墓右前侧的三间草房便是当年子贡的住所，也叫"墓庐处"，现在已经成为尊师的标志。

子贡墓庐处，位于山东省曲阜市孔庙内

率真耿直的子路

子路性情爽直，为人勇敢，是孔子"堕三都"有力的参与者与支持者，更是孔子周游列国期间最忠实的弟子之一。孔子评价他："自从我有了子路这个学生，再也没有人敢对孔氏杏坛进行诽谤与诬蔑了。

子路知道母亲爱吃陬邑的米，自己吃着野菜藜藿（lí huò），却要往返百余里为母亲背米，多年里从不间断。

孔子很欣赏子路的率真耿直。第一次认识子路，是他径直闯进来的，头上戴着顶武士帽，帽上插着雄鸡毛，腰间佩带着一把长剑，剑柄上还包着一层猪皮。就是这个穷子路，却可以穿着乱麻絮做的破绵袍，与穿着名贵皮衣的人站在一起，一点也不觉得难堪，照样挺胸昂首。后来跟着老师认真学习，成才之后多国抢着任用他，生活富有了，他仍然不失本色，能够将自己的车马衣服拿出来与朋友共享。他在勇猛之中藏着智慧。当晋国正卿赵襄子不无挑衅地问孔子："先生带着礼品周游列国却到处碰壁，不知道是这个世上真的没有贤明的君主，还是你的主张原本就行不通？"问得孔子一下子语塞。赵襄子又不无得意地对子路说："我问你的老师，他却闭口不能回答。这不是隐瞒吗？隐瞒怎能算得上仁人呢？"此时的子路，毫不相让，反唇相讥："一口天下最大的钟却用极小的木棍来敲，怎么能够发出声音呢？"立刻让这个傲慢的赵襄子语塞。

子路敢于当面批评指责老师，等老师或解释或反批评之后，子路又总能心悦诚服。

子路为蒲邑令的时候，为了防止水灾，与老百姓一块修沟渠，看到大家十分劳苦，又拿出自己的俸禄来给参加劳动的人每人一小筐饭一壶水。孔子听到以后，立即派子贡前去制止。子路不仅"不悦"，还是"忿然不悦"，立刻赶到老师的跟前质问：我是觉得暴雨将至，

子路墓祠，位于河南省濮阳市

孔子：我不是圣人

恐怕百姓受灾，才做这件事，而百姓太多困苦，我赠点吃喝，是自己的薪俸，又不是挪用公款，这不是好事吗？老师你教我们行仁，我行仁了你却又制止，我不能接受！

遭到弟子一阵抢白的孔子并没有生气，耐心地告诉他："你带领大家修沟渠防洪灾没有错，你有同情心也是好事情。但是大家贫苦无食，你应当告诉君主让他来救济。要让百姓知道君主的恩惠而不是你子路的德义，不然，君主生了气，你可离受罪不远了。这还不说，当政者通情达理的很少，他们不高兴了就会撤去你的职务。你没有了职务，还怎么能为老百姓做事情？"子路听了，一下子明白了，气也消了，"心服而退"。

从子路的死，也可以看出其为人与性格。

子路本来可以不死。在卫国内乱已起的时候，他的同学、卫国大夫子羔正要逃出城门，而作为卫国宰相孔悝家臣的子路却要进城。子羔劝他不要进城，可是子路却说"食人之禄，不避其难"，偏要进城去救孔悝。明知是死地，六十三岁的子路硬是仗剑而上，主人没有救出，自己却被围攻的人杀害了。他临死前还从容地将被割断的帽缨子结牢，并端正地戴好帽子，可见他的勇敢与临危不惧。所以，孔子这样赞扬子路："勇敢的人啊，我孔丘不如他。""子路的勇敢，胜过我。"

一个批评，一个表扬

　　子贡与子路，有一次都做了善事，孔子却对他们一个批评一个表扬，这是怎么回事呢？

　　鲁国当时有个规定：凡是本国在别的诸侯国做奴隶或被卖出去的妇女，如果有人拿钱将他们赎买回来，可以到鲁国国库里报销。子贡经商，富可敌国，又跟着老师学到了仁义的品德，当然就积极响应国家号召。不仅赎买，还不去国库报销花费。但是孔子却批评了子贡："你的做法不对呀，圣人的言行可以改变一个地方的风气与习俗，从而给百姓以影响。现在鲁国是富人少穷人多，如果你子贡将到国库报销视为不廉洁、不高尚，以后谁还会去赎买奴隶呢？"

　　子路做的一件善事是见义勇为。原来，有人落水，观望的人多，

子贡

子路

孔子··我不是圣人

却无人相救。子路路过，二话没讲，冒着生命危险跳入水中，将人救出。被救的人无以报答，便牵来一头牛相谢。子路毫不推辞收下了。正当好事者批评子路收了人家谢礼的时候，孔子却站出来，大大地将子路表扬了一番，并高兴地总结道："从今以后，鲁国就会有很多效仿子路而见义勇为的人了。"

我们不禁要竖起大拇指赞叹孔子的高人一筹，他不仅看到现在的情形，还看到了将来的影响；他不仅看重自身的得失，更看重对天下的作用。

鲁庙问欹

一天，孔子领着学生到鲁桓公庙去参观。当他与学生们走到一尊器具前的时候，久久驻足。这是一个倾斜易覆的器具，挂在一个专用的木架上。他看到同学们疑惑的目光，便故意问看庙人这是什么祭器。当看庙人告诉大家"这是宥（yòu）坐之器，是放在座位右边用来警示自己的器具，又称欹（qī）器"的时候，孔子这才动手操作起来。孔子自问自答地说："它现在为什么歪斜着呢？因为它里面是空的。但是可以让它正起来。好，我装些水试试，你们注意看，装得少，还是歪斜的。再灌一点，它就端正了。不过你们都靠近些瞧瞧，它并不满。是的，要装适量的水它才端正。装满行不行呢？我们不妨试试，看，就要满了，注意，现在完全满了，它竟然倾覆了，水被倒得一干二净。"

随着欹器的倾覆，大家几乎同时惊讶地"啊"了起来。孔子这才娓娓道出小小欹器包含的博大而又深刻的中庸之道。孔子指着欹器与大家进行热烈地讨论——"满了行吗？""不行！""没有水或者水少欹器能正吗？""不能！""什么时候能够让欹器正好端正？""水到中间的时候。"

讨论氛围正浓，却见孔子抬起双手缓缓地往下一按。等到课堂安静得掉根针都能听见的时候，老师才铿锵有力地告诉大家："能够找到并坚持满与虚空之间的这个正中，就会达到内心与事物的和谐状

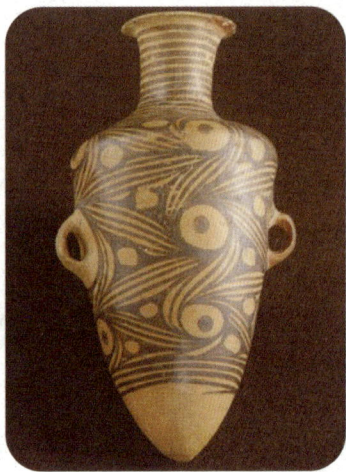

敧器

态，也就是我给你们说的'中庸之道'。一旦人的内心、人与人、人与社会、人与自然达到中正和谐，我们的理想也就实现了。中庸这种道德，该是最高的了，只是可惜人们已经长久地缺乏它了。"

老师的话，让大家陷入深思之中。

在以后的学习岁月里，同学们便扎扎实实从老师那里领会了"中庸之道"的精神。如有一次，子路向老师请教："听到可以做的事，马上就付之行动吗？"孔子说："你的父亲与哥哥还在，要与他们商量商量再做。"谁知冉求也有同样的问题请教，孔子却这样回答："那就赶快去做吧。"公西华在旁边听了，十分纳闷，怎么同一个问题老师却给出两个截然相反的答案？他禁不住问老师："老师的答案怎么自相矛盾呀？"孔子不慌不忙地说："子路做事好勇往直前，还好急躁，恨不得一个人做两个人的事，所以我让他保守些；而冉求做事老是畏缩小心，所以我鼓励他向前。你们还记得那个敧器吗？子路就是那个快要装满水的敧器，需要减少点水，不然马上就会倾覆；而冉求好比才装了一点水的欹器，还斜着，需要给他加些水。”

在孔子庞大而丰富的思想体系里，仁爱是内容，礼乐是形式，而这个小小欹器所代表的"中庸之道"及"中庸之道"所体现的和谐精神，则是实现仁爱与礼乐的思想方法。

和谐不是消极的稳定，也不是对于多元的抑制，而是多元能量的充分发挥和竞争之下的动态平衡。于是，孔子"鲁庙问欹"的小插曲，也就关系着哲学与社会走向的大问题。这个小小的欹器，两千多年来也就悬挂在中国人的面前，无形中成了中国社会发展的一个缩影：或歪斜，或倾覆，或端正。

多知道点

座右铭的来历

座右铭最早是指刻在器物上的铭文，用来记功颂德或警戒提醒。后来逐渐发展成为以物寓意的欹器和爵（因谐音"节"，有节制饮酒之意）。再后来被泛指人们用来激励、警戒自己的格言。

孔子：我不是圣人

盲乐师师冕

乐师在春秋时代是个相当重要的职业，因为那时特别重视礼乐文化。有一个叫师冕的乐师很佩服孔子在音乐方面的高深造诣，便来看望孔子，想就有关音乐礼仪方面的事情进行研讨。研讨的具体内容，历史书籍没有记载，倒是记录下了孔子对于这个盲乐师的接待。

孔子先是早早地出来等着这位盲乐师。盲乐师来了，孔子快步迎上前去，一把将他扶稳，又轻又慢地领着他往里走。要上台阶时，就告诉他脚下是台阶。到了席位前，孔子就轻声地告诉他席位到了，请坐下吧。坐了下来，孔子又详细地一一介绍在座的人，而且还要将每个人的方位，也就是在前还是在左在右，都向师冕说得清清楚楚。

等到师冕走了，学生子张就问老师："这就是同瞎子乐师讲话的方式吗？非要这样繁多的规矩、处处都要言语一声？"孔子肯定地说："当然要这样做，不仅对待有职位的乐师这样，就是对待一般的盲者，也应当这样。"

如果遇见穿丧服孝服的人和盲了眼睛的人，哪怕他们是年轻人，孔子也会马上站起来，脸上涌起了严肃的神情。如果经过他们身边，一定会快走几步，不敢多看，也不忍多看，绝不去打扰别人的忧伤与痛苦；孔子在死了亲属的人旁边吃饭，从未曾吃饱过；孔子如果在这一天里吊过丧哭泣过，就不再唱歌。

有一次仲弓问仁，孔子郑重地告诉仲弓，一定要平等待人，出了门，对任何人都要礼貌、尊重，不管是国君大夫还是平民百姓，都要如看待贵宾一样；而使用百姓劳作，要像承当重大祭祀典礼一样严肃认真，小心谨慎；自己不喜欢的事情，就不要强加于别人；最后达到不怨天尤人，也不致招致别人的怨尤。在这里，孔子教导学生要平等地对待一切人，他自己首先就做出了一个榜样。他有一个学生叫雍也，出身贫寒，但是孔子却从不因为他的出身而稍有怠慢，反而悉心教育他并把他列为自己最得意的十个弟子之一。

多知道点

孔门十哲

孔门十哲是孔子门下最优秀的十名学生的合称，这一说法出自《论语·先进》"德行：颜渊，闵子骞，冉伯牛，仲弓。言语：宰我，子贡。政事：冉有，季路。文学：子游，子夏。"这里面颜渊就是颜回，季路就是子路，仲弓就是雍也。

孔子·我不是圣人

多知道点

释迦牟尼帮助盲学生

　　南怀瑾先生曾经讲过释迦牟尼的一个故事来与孔子接待盲乐师的故事相对照。释迦牟尼的一个学生也是个盲人，但是还是坚持自己缝衣服。有一天，他想缝衣服，可就是找不到针鼻，无法将线穿起来。老穿不起来，他着急了，就在那里大声地喊叫，想让同学们帮帮忙。可是同学们——也就是一群罗汉们——都在那里打坐入定，干着修炼的事，谁也没理他。就在这时，老师释迦牟尼却从座位上走下来，帮助盲学生穿好针线，再轻轻地交到他的手上，并教他怎样缝制衣服。盲学生一听是老师的声音，不安地说："老师，您怎么亲自来了？"释迦牟尼说："这是我应该做的。"说完，又对其他学生讲，我们需要做的，就是这种事情，有残疾的人和穷苦的人，我们一定要帮助他们。

马厩失火

　　有一天孔子上朝回来，家中的马厩失了火。看到被火烧得一片狼藉的现场，孔子只是十分焦急地问有没有人被烧伤，完全不问财产与马匹的损失情况。听说没有人受伤，孔子才将心放了下来。

　　孔子的仁爱言行，不光对人，就是对动物，也一样施着仁爱之心。

　　孔子并不是一天到晚地学习、教学与思索，他有很多个人爱好，比如钓鱼、打猎。但是他的钓鱼与打猎有点与人不同，只是手持一个简易的钓竿，钓竿上也只有一个钓钩。他从不撒网捕鱼。就是别人用

饮马图，徐州汉画像石

网，他也会劝他们要把网眼织得稀一些，不要密了。意思很明确：网眼密的网一网下去，不仅大鱼，连小鱼小虾也会一股脑儿网上来。他有些不忍心，太小的鱼还应当在水中生长。孔子的箭术是在鲁国出了大名的，他教学生们射箭的时候，围着观看的人多得像一堵墙密不透风。但是打猎的时候，箭术高明的孔子却从不射正在归巢的鸟和已经栖息的鸟。因为归巢的鸟往往嘴里衔着活食，它的家里有刚孵出的小鸟嗷嗷待哺。把大鸟打死了，巢里的小鸟也得饿死。再者，人家已经归巢，一家子正亲亲热热的，你打死其中哪一个都是悲剧。还是一个不忍心。后来有句民间的格言，便是从孔子这里来的，这两句格言说："劝君莫打三春鸟，子在巢中盼母归。"

有一次，孔子养的一条狗死了，不仅让子贡好好地埋葬，还嘱咐学生："破旧的帐子别扔掉，好埋马；破旧的车盖儿也别扔掉，可以用来埋狗。现在，我穷得连车盖也没有了，你就拿我的破席子把狗盖盖吧，别叫它的头露出来。"

河边晒太阳

　　世界各国凡有中国城的地方，都会有一个醒目的牌坊，上面书写着孙中山先生的四个大字：天下为公。孙中山的这四个字，来自于孔子，是孔子大同世界的理想境界。对于这个大同世界，孔子有这样的描绘：在这里，天下人不只以自己的家人为亲为爱，而是相互敬爱，爱天下所有的人。在这里，老有所养，壮有所用，孩子们都能获得温暖与关爱，孤独的人与残疾者都能得到照顾，男人有各自的事业，女人有满意的归宿，天下没有欺诈、没有盗贼，路不拾遗，夜不闭户，人人讲信用而和睦，有才能与贤德的人不被埋没，"大道之行也，天下为公"。

　　在《论语·先进篇》里，有一个孔子师徒的故事，就是讲述大同世

美国纽约唐人街"天下为公"牌坊

孔子：我不是圣人

界的。这个故事，将师生间的坦诚与友爱，教与学的融洽与欢娱，以及他们的理想追求都淋漓尽致地展现了。

这一天，子路、曾皙、冉有、公西华四个高材生陪着老师随意地坐着。这时老师孔子先发话说："我年纪大了，老了，没有人用我了。你们平日里好抱怨说'人家不了解我呀''人家不重用我呀'，假如有人了解你们，并打算请你们去做官，那你们怎么办呢？"

性子直率的子路不等别人答话，便不假思索地抢先回答："假使有一个有千辆兵车的国家（春秋时期，能拥有千辆兵车的国家就算诸侯国中较大的国家了），处于几个大国之间，在强敌环伺之下，又经过连年战争，财政危机，国内又遭逢灾荒，处于内忧外患的境地。像这样一个国家如果交到我子路手上，我只要花三年的时间去治理，就可以使这个国家的全体人民，人人都有勇气，而且都明白道理。"

听子路说完，孔子捻须微笑。

冉有是一个谦谦君子，他的回答与子路截然不同："如果一个方圆六七十里或者再小一点的小国家交给我来治理，花上三年的时间，我可以使这个国家社会繁荣，人人富足，至于修明礼乐的文化建设，则只好等待高明的人来想办法了。"

孔子注视着冉有，欣赏冉有的坦白，但又对冉有疏于文化建设感到不满意。

这时，仪表端庄的公西华站起来说出了自己的想法："不是说我已经很有本领了，但是我愿意这样好好学习：在祭祀的工作中，或者同外国的会盟中，我愿意穿着礼服，戴着礼帽，做一个小小的司仪。"公西华的抒怀是谦虚的，又是诚实的，孔子听了轻轻地点了点头。

孔子听完三个学生的回答,转过头来问正在低头弹奏琴瑟的曾皙:"你怎么样呢?说说看。"曾皙听到老师问他,便停止了弹奏,让手指在弦上轻轻一拢,瑟弦发出铿(kēng)然的响声,然后离开弹瑟的地方,站起来对老师和同学说:"我的志向和他们三位不同。"

　　孔子笑道:"那有什么关系呢?我就是要各人说出自己的志向啊!""我只是想,暮春三月,厚重的冬衣也该换成轻便的春服,和五六个成年人与六七个孩子,一起到沂水岸边洗洗澡晒晒太阳,再上高高的舞雩(yú)台上吹吹和煦的暖风,高兴地跳舞欢叫,尽兴了就快快活活唱着歌回家去。"

　　在曾皙所憧憬的世界里,人与人和谐为一体,人与自然和谐为一体,而人的内心也便化为一种和谐圆融的世界了。

　　孔子对曾皙的回答迅速做出回应,孔子大声地感叹说:"我就希望和你一样!"

　　也许有人说,多没出息呀,不就是玩吗?积极入世的孔子不会如此吧?其实,仔细想想,孔子之所以对于曾皙的回答给以这样的赞同,就是因为他的追求里不仅展现着人性的最高境界,也隐含着他们师生最高的思想与政治追求。一种生命的欢乐与宁静,就在这春风春水之中化作美丽的彩虹。只有到了社会安定、国家自主、经济繁荣、天下太平的时代,只有到了知识分子与平民百姓也能够享有民主与自由的社会,才能享受到这种"莫春者,春服既成,冠者五六人,童子六七人,浴乎沂,风乎舞雩,咏而归"的真、善、美的人生的幸福。

　　这是一种大同世界的至境啊!

　　两千五百年前的瑟音,依旧余音袅(niǎo)袅。

选女婿的标准

　　孔子为找女婿可是费了不少心思，一次是为自己的女儿，一次是为自己的侄女，哥哥孟皮的女儿。

　　孔子找女婿的标准是什么? 在孔子众多学生里，追求老师的女儿与侄女的，肯定不只是公冶长与南容，孔子为什么选择了他们俩呢? 孔子评论公冶长说："他虽然曾经坐过牢狱，但那是一桩冤假错案，他没有罪过。"于是孔子就把女儿嫁给了他。孔子评论南容说："国家政治清明时，他有官做；国家政治黑暗时，他又可以避免受刑与被杀。"于是，就把侄女嫁给了他。

　　从婚姻观里可以看出孔子是一个很实际的人，甚至有些"世故"。他要将自己的女儿与侄女嫁给可靠之人，可以托付终生的人——当然要有德有才，但是还要性格温顺持重，不会惹乱子。处于乱世之中，孔子确实为女儿、侄女考虑得十分周到。

　　先说说孔子的女婿公冶长。《孔子家语》中对他有三个字的评价："能忍耻。"而孔子又说他虽然坐过牢，却并没有罪，是一桩冤案。

　　公冶长到底是因为什么事而遭受牢狱之祸，各种书上都找不到记载。只有民间的传说里给出了一个理由。传说公冶长多才多艺，其中一项才艺就是懂得鸟语。有一次他听到鸟对他唱着歌儿说："公冶长! 公冶长! 南山有只羊，你吃肉，我吃肠。"公冶长闻听此言半信半疑，他就根据鸟语来到南山看个究竟。想不到还真有一只被野兽咬死不久的羊。公冶长很高兴，就把羊扛回来，分给了邻居们，大家美美地吃了几顿。只是吃的时候忘了鸟的嘱咐，连肉带肠一块儿吃完了。这下鸟可生气了，就想报复公冶长。找了个机会，又是唱着歌儿对他说："公冶长！公冶长！南山有头羊，你吃肉，我吃肠。"上次应验的鸟语，让公冶长没有犹豫，迅速赶到南山。这下麻烦来了，南山哪有什么羊，竟横躺着一具尸体。还没容公冶长反应，官府的人就赶到了，公冶长有口难辩，大家想想，说鸟语如何如何谁会相信？于是公冶长就坐了牢，好在最后沉冤得雪，公冶长被无罪释放。

当然这只是个传说。公冶长是孔子的学生，老师对他一定有全面的了解，公冶长的品德没问题，品性更是有过人之处，比如他的忍辱负重。人的一生多么漫长，风雨坎坷更是免不了的，而忍辱负重，则是克服困难、化险为夷的一种有效力量。孔子为女儿的考虑是长远而切实的。

公冶长

孔子：我不是圣人

孔子的哥哥孟皮腿有残疾，生活相当艰难，去世时把女儿托付给孔子，所以为侄女寻找夫婿，便成为孔子的责任。选南容作侄女婿，孔子可以说是考虑再三，选择的标准比挑女婿时还要严还要高。孔子首要考虑的还是有德有才还要性格好，不会在乱世之中惹乱子，能保证一家安稳过日子。

对于南容，孔子是细心考察过的。有一次孔子发现南容对《诗·大雅·抑》特别感兴趣，反复咏诵："白圭之玷，尚可磨也；斯言之玷，不可为也……"白圭是一种玉，白玉上面的污点还可以磨去，可是如果人说话不注意，一旦说错，被人抓住把柄就没法挽回了。孔子不仅看出南容对于品德的注重——古时君子往往以玉洁冰清来表达对于品德的追求，还看出南容是个相当谨慎的人。

还有一次南容问孔子："羿箭术那么好，甚至可以射下太阳来，却被寒浞（zhuó）杀掉了；奡（ào）擅长水战，力气大得可以用一只手推着船前进，也被少康所诛。可是大禹和后稷，虽然没有羿和奡那么大的本事，只是规规矩矩去种田，却得到了天下，这是为什么呢？"孔子没有回答，因为这个问题无须回答，问题本身就已经说明了答案：用武力不但不能治理天下，反而会身为所害，只有用道德感化才能让天下归心。所以南容一退出去，孔子就忍不住对其他学生称赞起南容："好一个君子，思想这么纯正，又这么崇尚道德！"

经过反复考察，南容正符合孔子选择侄女婿的标准。他不仅有用世之才，也有处世之道。正是孔子赞赏的君子。什么是孔子心目中的君子？君子就是有道德有学问，胸怀坦荡又情感细腻，中和敦厚；顺利时在高位不骄横，遇挫折在低位也不气馁并能保持住人的尊严；即使国家黑暗，心中不满，也能以沉默而自处于世。更何况南容还是个世家子弟，是鲁国大夫的儿子，有地位也有财富，侄女与其结合，以后的日子一定是平安而富足的。把侄女而不是女儿许配给了家庭条件更好的南容，从这细微之处也显示出孔子为人处世的君子之风。

南容

孔子：我不是圣人

生活的智慧

生活中的孔子，散发着浓浓的人间烟火的味道。

先说说孔子的待人接物，他的因人而异，他的讲究得体，很值得我们学习。

孔子在本乡本土，面对乡亲，非常恭顺，从不显示自己多么高明或多么有文化。孔子个头虽高，可是乡亲们却并不觉得他有那么高，因为他与大家相处的时候，总要礼貌地稍稍探下些身子来。

可是到了宗庙与朝廷上就不一样了，在国君身边孔子总是显得有些拘谨，只要一走进朝门，孔子就显出谨慎的样子，好像没有容身之地。站，不站在门的中间；走，不踩门槛。提起衣服下摆向堂上走去，恭敬谨慎的样子，憋住气好像不呼吸一般；经过君主的座位，面色矜庄，脚步也快，说话声音也很轻。走出来，下了一级台阶，面色才开始放松，有点怡然自得的样子；等走完了台阶，再快快地向前紧走几步，好像鸟儿舒展翅膀。

看孔子接待外宾时的仪态，另是一番神采飞扬。他的表情矜持庄严，见了贵宾及他们的随行人员，孔子就热情地向两边作揖，左边拱手，右边拱手，衣裳就随着他作揖时的俯仰也很有节奏地一俯一仰。这个时候他的步子是快速的，以至于他那肥大的礼服也飘扬了起来。贵宾辞别之后，孔子必定恭敬地向国君报告说："已经把客人送走了。"我们至今仍可以想见，一个身材魁梧的大块头，穿着接见外宾的宽大礼服，礼服的下摆就在快步带起的风里如翼般飘举，潇洒而又庄重，威武而又飘逸，还显露着自信与谦逊。

出使国外，又是另外一种举止。举行典礼时，他拿着圭，恭敬谨慎，犹如重有千斤。向上举圭像作揖，向下拿圭像在传递东西，面色凝重好像在作战。幅步紧凑，如同沿着直线行走。到献礼物的时候，就满脸和气。以私人身份和外国君臣会见，则显得轻松愉快……

对于服饰与穿戴打扮，孔子似乎有着专家的审美眼光。他说君子不用近乎黑色的天青色和铁灰色作镶边，而近乎赤色的浅红色和紫色，则不用来作平常家居的衣服。暑天，穿粗的或者细的葛布做的单衣，但一定有衬衣，并使它露在外边（不让汗水浸染了外衣）。黑色的衣服配紫羔，白色的衣服配麑裘。居家的皮袄较长，但是右边的袖子要做得短一些，以利于劳作活动……

斋戒沐浴的时候，一定要有布做的浴衣。斋戒期间，一定要改变平时的饮食，吃素餐；还要改变居住的地方。这里体现了一种静穆与虔诚。

孔子平时居家时正襟危坐吗？不苟言笑吗？当然不是。《论语·述而》中说"子之燕居，申申如也，夭夭如也"。"燕居"就是在家的生活，"申申如也"是爽朗舒展，"夭夭如也"是活泼愉快。居家生活中的孔子给人的印象是随和，舒坦，把握生活而又享受生活。

对于吃，孔子更是有着独特的认识。

粮食舂（chōng）得越精越好，鱼和肉切得越细越好。食物颜色难看的不吃，气味难闻的不吃，烹调不当不吃，不到吃饭的时间不吃，不

按照一定的方法切割的肉不吃，不加一定的调味品烹调不吃。席上的肉食虽然很多，但是吃肉的量不超过主食。

他也还有一些生活上讲卫生的好习惯，如吃饭的时候不说话，睡觉的时候不交谈（食不语，寝不言）；参与国家祭祀典礼，不把祭肉留到第二天，若是存放过了三天，便不吃了；睡觉不能直直地平躺着，要舒缓侧卧等。

孔子燕居像

附录　孔子生平速览

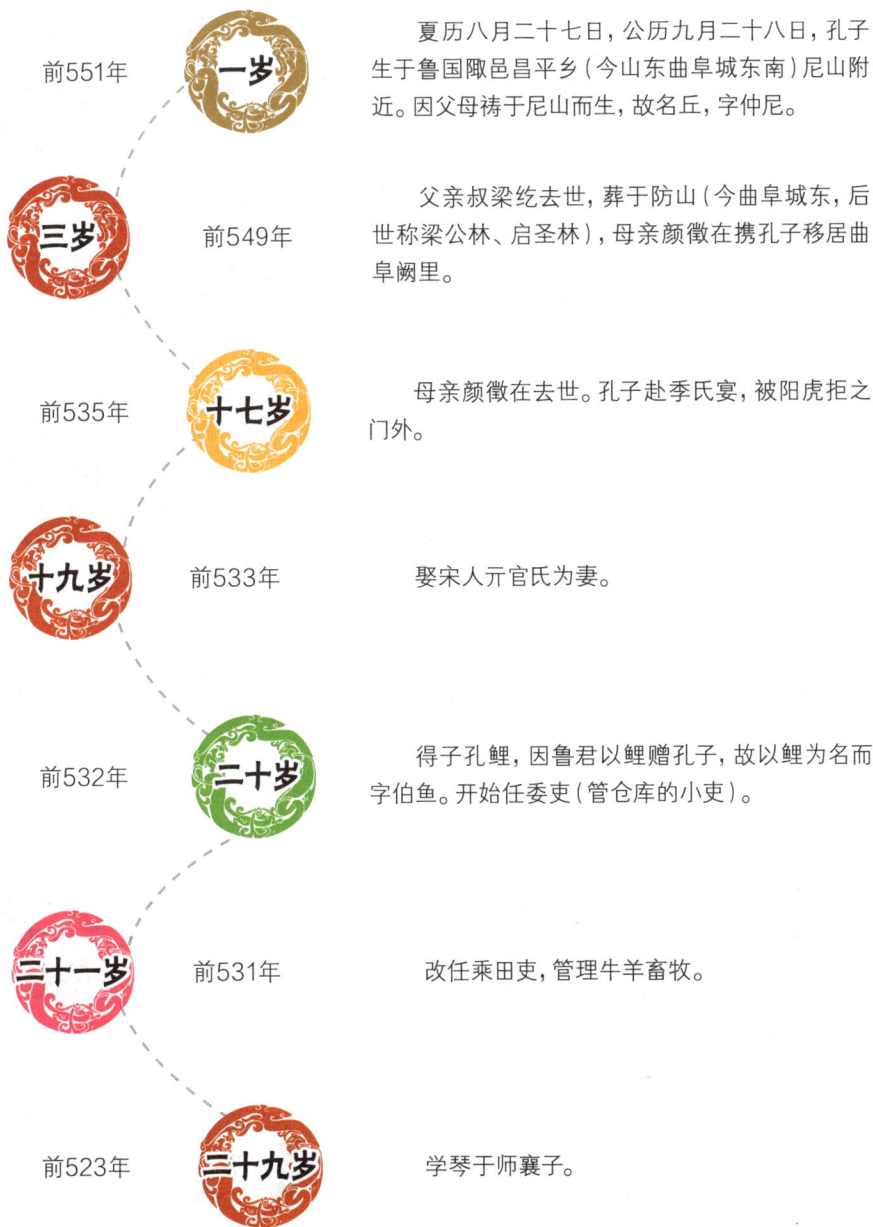

前551年　**一岁**　夏历八月二十七日，公历九月二十八日，孔子生于鲁国陬邑昌平乡（今山东曲阜城东南）尼山附近。因父母祷于尼山而生，故名丘，字仲尼。

三岁　前549年　父亲叔梁纥去世，葬于防山（今曲阜城东，后世称梁公林、启圣林），母亲颜徵在携孔子移居曲阜阙里。

前535年　**十七岁**　母亲颜徵在去世。孔子赴季氏宴，被阳虎拒之门外。

十九岁　前533年　娶宋人亓官氏为妻。

前532年　**二十岁**　得子孔鲤，因鲁君以鲤赠孔子，故以鲤为名而字伯鱼。开始任委吏（管仓库的小吏）。

二十一岁　前531年　改任乘田吏，管理牛羊畜牧。

前523年　**二十九岁**　学琴于师襄子。

自谓"三十而立"(《论语·为政》),奠定了治学、教学、为政等坚实的学问德业基础,并在这一年前后创办平民教育。

 前522年

去周朝都城洛邑(一说在后些年),问礼老子,观明堂,拜社稷。

前518年

孔子观鲁桓公庙,问欹器。

 前506年

任中都(今山东汶上县西)宰,卓有政绩。

前501年 五十一岁

相继升小司空、大司寇。夏,鲁、齐夹谷(今山东莱芜南)之会。

五十二岁 前500年

孔子在大司寇任上,采取大动作"堕三都"。

前498年

鲁国得孔子治而富强,齐国惧而施美人计以败其政。鲁君臣中计,怠于政事。孔子失望而辞官,去鲁适卫,开始十四年周游列国之旅。

五十五岁 前497年

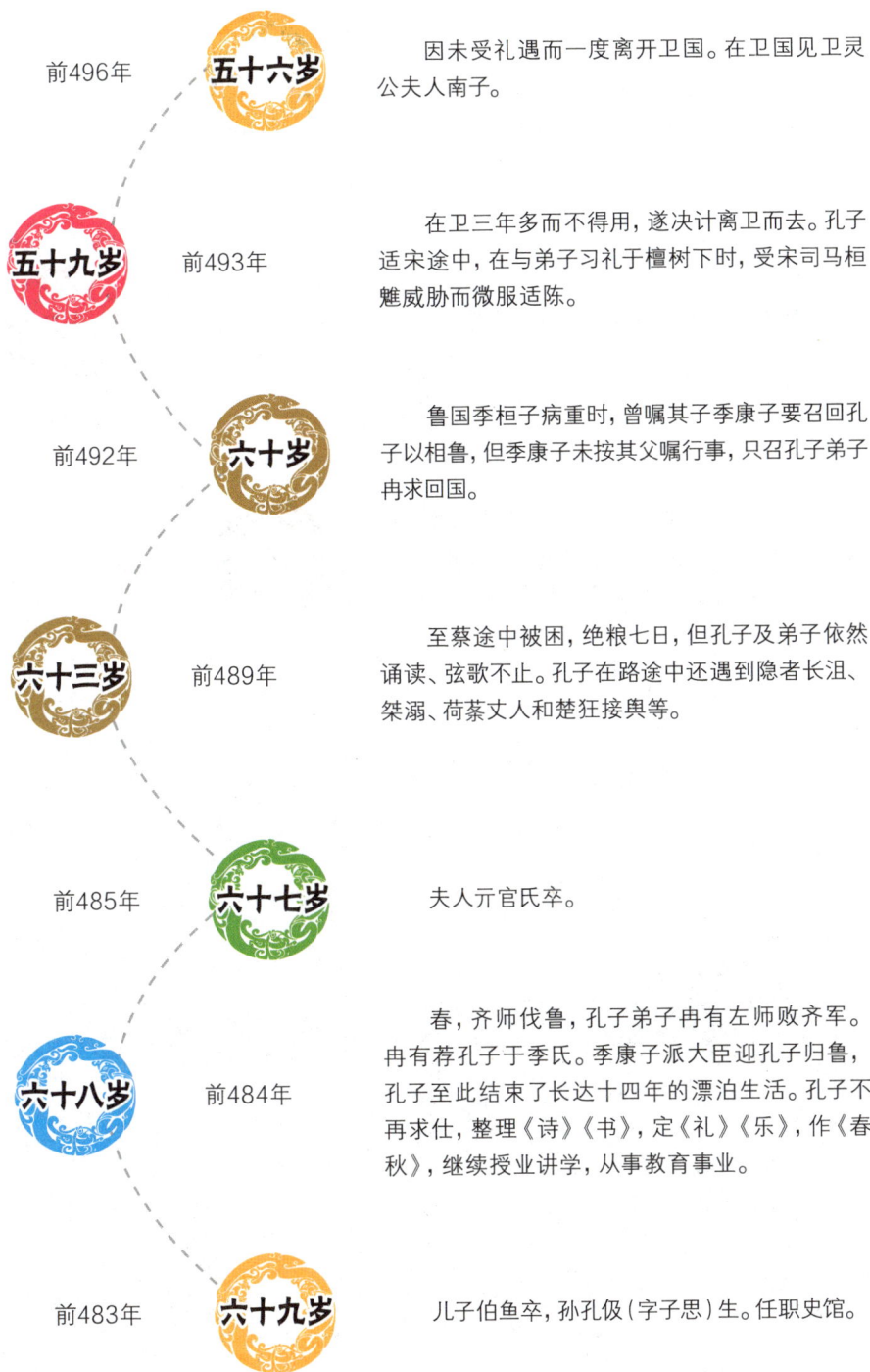

前496年　**五十六岁**　因未受礼遇而一度离开卫国。在卫国见卫灵公夫人南子。

五十九岁　前493年　在卫三年多而不得用，遂决计离卫而去。孔子适宋途中，在与弟子习礼于檀树下时，受宋司马桓魋威胁而微服适陈。

前492年　**六十岁**　鲁国季桓子病重时，曾嘱其子季康子要召回孔子以相鲁，但季康子未按其父嘱行事，只召孔子弟子冉求回国。

六十三岁　前489年　至蔡途中被困，绝粮七日，但孔子及弟子依然诵读、弦歌不止。孔子在路途中还遇到隐者长沮、桀溺、荷蓧丈人和楚狂接舆等。

前485年　**六十七岁**　夫人亓官氏卒。

六十八岁　前484年　春，齐师伐鲁，孔子弟子冉有左师败齐军。冉有荐孔子于季氏。季康子派大臣迎孔子归鲁，孔子至此结束了长达十四年的漂泊生活。孔子不再求仕，整理《诗》《书》，定《礼》《乐》，作《春秋》，继续授业讲学，从事教育事业。

前483年　**六十九岁**　儿子伯鱼卒，孙孔伋（字子思）生。任职史馆。

孔子·我不是圣人

孔子在鲁,作《春秋》。弟子颜回死,孔子痛哭,说:"噫!天丧予!天丧予!"鲁"西狩获麟",孔子说:"吾道穷矣!"自此绝笔,停止修《春秋》。六月,齐国政变,孔子弟子宰我死于难。

七十一岁　前481年

卫国发生政变,孔子弟子子路死于难。

前480年　七十二岁

夏历二月十一日,孔子去世,葬于曲阜城北泗水南岸。弟子多守墓三年,唯子贡守墓六年。一些弟子及鲁人移于墓旁而居,名为孔里。

七十三岁　前479年

尼山

尼山原名尼丘山，孔子的诞生地，据《史记》记载：孔子父母"祷于尼丘得孔子"，所以孔子名丘字仲尼，后人避孔子讳称为尼山。位于山东省曲阜市城东南30公里。海拔340余米，山顶五峰连峙，中峰为尼丘。山上有夫子洞，传为诞生孔子的地方。

夫子洞

孔庙

曲阜孔庙，位于山东省曲阜市，初建于公元前478年，是第一座祭祀孔子的庙宇。孔庙以皇宫的规格而建，与北京故宫、承德避暑山庄并称为中国三大古建筑群，也是世界各地2000多座孔子庙的先河和范本，在世界建筑史上占有重要地位。曲阜孔庙是祭祀孔子的本庙，占

95

地327亩，有104座殿阁门坊。四周围以红墙，四角配以角楼，1994年被联合国教科文卫组织列为"世界文化遗产"。

孔庙

孔府

孔府即衍圣公府，位于山东省曲阜城中，紧邻孔庙，是孔子嫡系子孙世袭衍圣公的衙署和府第，有"天下第一家"之称。孔府是我国历史上延续时间最长的封建贵族庄园，也是中国封建社会官衙与内宅合一的典型建筑。现在占地240亩，有厅、堂、楼、房463间，三路布局，九进院落，中路前为官衙，后为内宅，最后是花园。孔府始建于宋仁宗宝元年（1038）。

孔林

孔林又称"至圣林"，在山东省曲阜城北1公里，占地3000余亩，是孔子及其家族的专用墓地，已有2500多年历史，也是目前世界上延时最久、面积最大的氏族墓地，也是我国规模最大、持续年代最长、保存最完整的一处氏族墓葬群和人工园林。孔林神道长达1000米，苍松翠柏，夹道侍立，龙干虬枝，多为宋、元时代所植。林道尽头为"至圣林"木构牌坊，这是孔林的大门。四周筑墙，墙高4米，周长达7000余米。林墙内有一河，即著名的圣水——洙水河。洙水桥北不远处为享殿，是祭孔时摆香坛的地方。享殿之后，正中大墓为孔子坟地，墓前有巨碑篆刻"大成至圣文宣王墓"。

孔庙、孔府、孔林，合称"三孔"，1961年被列为全国文物保护单位。

孔林

孔子·我不是圣人